"Toda criança deve ser ensinada a almejar o sucesso."

Do livro He Can Who Thinks He Can,
de Orison Swett Marden – publicado em 1908.

"A vontade é o ponto de partida de toda conquista, não uma esperança, não um desejo, mas uma vontade pulsante que transcende tudo."

De um volume da série The Law of Success,
de Napoleon Hill – publicado em 1925.

"Você está entediado ou insatisfeito com a vida? Então se lance num trabalho em que acredita do fundo de seu coração, viva por ele, morra por ele, e você encontrará a felicidade que achava que nunca poderia ser sua."

Do livro Como Fazer Amigos e Influenciar Pessoas,
de Dale Carnegie – publicado em 1936.

Jeffrey Gitomer

O Livro Prata do
DINHEIRO EM CAIXA
Din Din!

*32,5 Estratégias para Turbinar
seus Negócios e seu
Sucesso Pessoal e Profissional*

M.Books do Brasil Editora Ltda.

Rua Jorge Americano, 61 - Alto da Lapa
05083-130 - São Paulo - SP - Telefones: (11) 3645-0409/(11) 3645-0410
Fax: (11) 3832-0335 - e-mail: vendas@mbooks.com.br
www.mbooks.com.br

Dados de Catalogação na Publicação

Gitomer, Jeffrey.

O Livro Prata do DINHEIRO EM CAIXA Din Din! 32,5 Estratégias para Turbirnar seus Negócios seu Sucesso Pessoal e Profissional / Jeffrey Gitomer.

2010 – São Paulo – M.Books do Brasil Ltda.

1. Vendas   2. Desenvolvimento Pessoal   3. Administração

ISBN: 978-85-7680-093-4

Do original: Little Platinum Book of Cha-Ching! 32,5 Strategies To Ring Your Own (Cash) Register of Business and Personal Success. Original em inglês publicado pela FT Press.

© 2007 by Jeffrey Gitomer.

© 2010 M.Books do Brasil Editora Ltda. Todos os direitos reservados. Proibida a reprodução total ou parcial. Os infratores serão punidos na forma da lei.

ISBN original: 0-13-236274-0

Editor: Milton Mira de Assumpção Filho

Tradução: Mônica Rosemberg

Produção Editorial: Lucimara Leal

Coordenação Gráfica: Silas Camargo

Editoração: Crontec (sob projeto original de Mike Wolff)

Design da Capa: RevisArt (sob projeto original de Josh Gitomer)

Ilustração da capa: Dave Pinski

"Se você quer aprender algo novo, tudo o que tem a fazer é estudar algo que foi escrito cem anos atrás."

– *Jeffrey Gitomer*

Quando escrevi *Os Princípios Patterson de Vendas,* em 1998, lancei mão de um décimo da profundidade de John Patterson e esclareci tais princípios para os vendedores. Todos os que leram amaram o livro.

No entanto, John Patterson não era apenas um gênio das vendas – era um gênio dos NEGÓCIOS.

Incrementei e expandi um excelente livro de vendas sob o aspecto do sucesso nos negócios. E em vez de chamá-los de Princípios Patterson/Gitomer, referi-me a eles ao longo deste livro como **Princípios DINHEIRO EM CAIXA *Din Din!* de Sucesso Empresarial** Cada um deles desempenha um papel próprio integral em seu negócio. Cada princípio é como um instrumento numa orquestra. Pode tocar sozinho, mas é melhor e mais poderoso quando toca do junto com os outros.

E assim como uma sinfonia ou uma peça musical, cada um destes Princípios DINHEIRO EM CAIXA *Din Din!* deve ser praticado até o domínio perfeito e deve ser desempenhado em harmonia com os outros.

NOTA: Toda sinfonia requer um maestro que a conduza. No caso você. Sua função não é apenas conduzir a orquestra, mas a si próprio como profissional e implementar os princípios de acordo com seu estilo próprio, do seu jeito – com paixão e com sua capacidade MÁXIMA. Dessa maneira, encontrará sucesso e realização.

Você tem nas mãos a versão *atualizada, incrementada, expandida e aprofundada* da sabedoria empresarial de cem anos atrás de um homem que gerou a Revolução Industrial Americana e fundou os princípios de sucesso, de desenvolvimento pessoal e de vendas.

Esses são os princípios que você pode usar e se beneficiar.

Se você busca crescer e atingir o sucesso em sua carreira ou seu empreendimento esta é sua oportunidade de ouro de aprender com mestres, a propósito, *os* mestres. Todos os Princípios DINHEIRO EM CAIXA *Din Din!* foram traduzidos (por mim) para o mundo atual e para o ambiente atual de negócios. Seu ambiente.

Você tem nas mãos a oportunidade de **TILINTAR SUA PRÓPRIA REGISTRADORA** e **FICAR COM O CAIXA!**

Imagine sua empresa em 1880

Não tinha computador.

Nem e-mail.

Nem fax.

Nem estradas pavimentadas (não precisava – não existiam carros).

Nem TV.

Nem rádio.

Nem copiadoras.

O aquecimento era a carvão e não existia ar condicionado. *Parece convidativo até agora?*

Se você quisesse ir a algum lugar, tomava um trem. Se quisesse acessar alguém rapidamente, mandava um telegrama. Caso contrário, mandava uma carta – escrita à mão, já que não existia máquina de escrever. A lâmpada (Edison) tinha um ano de idade e o telefone, quatro, mas ainda não existia um sistema para fazer ligações.

Em 1880, praticamente não existia nada do que temos hoje.

Mas foi o ano em que John Patterson comprou de James Ritty a patente de uma invenção chamada "caixa registradora" e fundou a National Cash Register Company (NCR) em Dayton, Ohio.

Como resultado dos métodos e estratégias de Patterson, a NCR não só obteve sucesso, como também atraiu pessoas de sucesso.

Pessoas como Thomas Watson, que prosperou e fundou a International Business Machine (que você conhece como IBM), e Charles Kettering que fundou a Dayton Engeneering Laboratories Company (DELCO), inventou o sistema de ignição elétrica, vendeu sua companhia para a General Motors e é reconhecido por esta como pai de seu sucesso.

Dayton foi um celeiro de talentos. Pessoas como os irmãos Wright montaram sua fábrica de bicicletas lá.

John Patterson era um pensador, leitor, estrategista, instrutor, vendedor e líder de homens e mulheres. Patterson foi um filósofo disciplinador e progressista.

TENHA EM MENTE: Não existiam modelos de negócios em que se basear ou estudar. Não existia TQM (Gestão de Qualidade Total), Seis Sigma, SCORM ou *Good to Great*.

Patterson e outros empreendedores como Andrew Carnegie e Andrew Mellon foram aqueles que *criaram* os modelos.

Eles não seguiram os líderes.
Eles *eram* os líderes.

Era o verdadeiro começo da Revolução Industrial e Corporativa Americana.

A esta altura você deve estar pensando: **E DAÍ?**

DAÍ QUE: Com o tempo, muitos dos princípios de sucesso que venceram na revolução se perderam conforme agências de publicidade, departamentos de marketing, analistas de curto prazo, o pessoal de Wall Street e os barões da ganância lentamente tomaram o poder. (Quem e o que são os barões da ganância? Basta dar uma olhada nas prisões, elas estão repletas deles – também conhecidos como executivos corporativos.)

ACHADOS E PERDIDOS: Estou prestes a compartilhar os princípios perdidos que fundamentaram não apenas a revolução industrial; são também os princípios que criaram fortunas. Não só dinheiro – verdadeira riqueza.

Esses princípios são fáceis de entender e aplicar. Não existem ações complexas, nem fórmulas matemáticas, nem gráficos; apenas algumas tabelas.

BOA NOTÍCIA: Você pode adaptar facilmente estes Princípios DINHEIRO EM CAIXA *Din Din!* e transformá-los em seu sucesso, sua riqueza e sua realização.

A NOTÍCIA: Esses são os princípios que tenho usado para criar meu sucesso, minha riqueza e minha realização. Eu os modifiquei acrescentando meus pensamentos, filosofias e estratégias para trazê-los ao século XXI. E acrescentei alguns princípios para acomodar os elementos de negócios que não existiam cem anos atrás.

Conforme lê os princípios, adapte e aplique-os a seu negócio e carreira para criar seu princípio DINHEIRO EM CAIXA *Din Din!*

Tenho uma camiseta de manga longa com a frase "Você talvez me ache um sonhador". Sempre a uso quando estou trabalhando. Especialmente à noite. É macia e quente. Mas também é a realidade.

Para transformar seus sonhos em realidade, você precisa trabalhar. Precisa trabalhar duro, precisa trabalhar consistentemente e precisa trabalhar continuamente para se aprimorar e se tornar o melhor.

Você pode sonhar quanto quiser. Porém, se o trabalho duro não começar a gerar resultados, em algum momento, o sonho poderá desaparecer.

DINHEIRO EM CAIXA *Din Din!* é uma metáfora de sucesso. Talvez isso represente o tilintar de uma caixa registradora para você – mas ao longo deste livro, o Din Din! será referido a todos os aspectos dos negócios. Diz respeito a contratar as pessoas certas, criar os melhores princípios, ensinar e treinar, encorajar, fazer um acordo, ter coragem de crescer e a qualquer outro aspecto dos negócios relacionado a sucesso e dinheiro.

Se você tem o livro *Os Princípios Patterson de Vendas,* notará que existe enorme semelhança entre os dois livros. Existe uma razão. A base para o sucesso da empresa é o sucesso nas vendas – mas vendas é apenas uma parte desse processo. Existem também as pessoas, o produto, as estratégias, a disposição, a liderança e todos os outros aspectos de um negócio que tornam a venda possível. O DINHEIRO EM CAIXA *Din Din!* irá revelá-los de uma maneira que você conseguirá entender, aplicar, ganhar experiência e, por fim, dominar os princípios que podem tornar sua empresa excelente.

Existe uma combinação dos primeiros princípios criados por mestres como John Patterson, estratégias que levaram empresas ao sucesso e minha habilidade em interpretar esses princípios e adequá-los ao nosso tempo, simulando situações para que você possa implementá-los no minuto em que ler.

Meu objetivo ao criar este livro é permitir que você capture o valor e as lições de como outras pessoas tilintaram suas caixas registradoras, para que você possa também tilintar a sua. E agradeço a você por ter comprado este livro e me ajudado a tilintar a minha.

"Todo mundo tem 'o sonho'. Para tornar seu sonho realidade você precisa de plano, processo, pessoas, persistência, paciência e paixão."
—*Jeffrey Gitomer*

Você conhece aquele som?

DINHEIRO EM CAIXA é tudo o que queremos. *Din Din!* é o som da caixa registradora tilintando.

O papel de Patterson em criar princípios de sucesso encaixa-se perfeitamente porque seu veículo e sua metáfora eram a caixa registradora. Toda vez que ela tilintava, ele ganhava dinheiro – uma transação por vez, um relacionamento por vez, uma venda por vez, um sucesso por vez, um dia por vez.

Venda. Ela registra o montante e diz "Obrigada" quando você imprime um comprovante de compra. *Como você está tilintando sua registradora?*

O som da conquista. Diz a você que alcançou algo. Recompensa você pelo trabalho duro. *Qual é seu som da conquista?*

O som da motivação e inspiração. É o YES! de fazer as coisas acontecerem. Você faz a registradora tilintar e fica motivado a fazer de novo. *Qual é seu som de motivação?*

O som do sucesso. A conquista, a motivação e a inspiração contínuas somam-se a um coro de doçura melódica. É o doce som do sucesso. *Qual é seu som do sucesso?*

O som do dinheiro. A caixa registradora está tilintando e as moedas estão cantando. As cédulas estão farfalhando e os cartões de crédito clicando. *Qual é seu som de dinheiro?*

O som da riqueza. Existe uma quietude tácita quando a riqueza chega. Não ter de lutar ou se esforçar, mas ainda assim respeitar o processo que levou você até lá. Uma harmonia de compreensão e respeito. *Qual é seu som de riqueza?*

O som da realização. Não só sucesso – felicidade. O som que você ouve é um mantra "Om." É um encontro de todas as notas musicais para formar o som do paraíso na terra. *Qual é seu som da realização?*

O som da música. A música que faz você se sentir bem toda vez que a ouve. Não apenas ritmo, o Din Din! também dá o tom para mais Din Dins!, e lhe dá a autoconfiança de que se a caixa registradora tilintou uma vez, pode-se fazer tilintar mais uma, duas, várias vezes.

Quaisquer que sejam seus sonhos, seus desejos, seus objetivos, desafio você a tilintar sua caixa registradora em cada oportunidade. Aquele som, aquela música, vai confirmar seu trabalho, sua dedicação, e, ao mesmo tempo, aumentar sua autoconfiança e encorajar você a ir além. É um caminho poderoso para conseguir o que quer – e ganhar o que merece. DINHEIRO EM CAIXA!

Eu tenho feito pesquisas e descobri as estratégias originais que construíram um império multimilionário na virada do último século.

Eu transformei, incrementei e modernizei a tecnologia de trens, telegramas e alojamentos – para computadores, telefone celular e o Ritz Carlton*.

– Jeffrey Gitomer

* **Ritz Carlton** é uma rede internacional de hotelaria de luxo.

Sumário

Imagine sua empresa em 1880 7

Você conhece aquele som? 12

Como se obtém sucesso?..18

Sucesso profissional e pessoal 19

Aprenda a ser bem-sucedido com pessoas que obtiveram sucesso 21

John Patterson foi o pai do... 24

De onde John Patterson tirou seus conceitos e estratégias?...............27

Faça a registradora tilintar 30

A evolução e o poder na nota fiscal de compra...................................34

O provável comprador..36

A cvolução do manual básico de vendas (*The Primer*)......................37

Princípios são guiados pela verdade 42

Você pergunta: o que é um princípio DINHEIRO EM CAIXA *din din!*? 44

Isso é o que você saberá conforme ler cada princípio 45

1. Pense! 48
2. Autoconfiança (a característica mais convincente de uma pessoa) .. 54
3. Uma atitude mental positiva é determinada por você. 58
4. É o treinamento em campo que diferencia o recruta vencedor do aspirante a vencedor 62
5. Sobrevivência e sucesso é uma combinação de saber e fazer 68
6. Estudar. A primeira disciplina do saber................................... 73
7. Sua biblioteca é o seu poço artesiano do saber 78
8. O planejamento evita andar a esmo e proporciona direcionamento .. 81
9. Use o "gerenciamento de tempo já" 88
10. Prospecte prováveis compradores para fazer seu negócio crescer organicamente... 94
11. Aumente os contatos de negócios para aumentar as vendas.......... 98
12. Criar demanda converte a venda em compra 100
13. Uma demonstração preparada significa personalizada 103
14. Atraia interesse com informações sobre o cliente 105
15. Perguntas levam a respostas. Respostas levam a harmonia. Respostas levam a produtividade. Respostas levam a clientes 109
16. Ouvir leva a entender 113
17 Menos tempo-de-discurso-de-venda leva a mais tempo-de-compra.. 115
18. Sua mensagem deve ser tão atraente quanto seu produto para envolver qualquer pessoa – especialmente seu cliente................117

19. Uma objeção é a porta de entrada para uma venda....................121
20. Vender não é manipular. Vender é harmonizar 124
21. Conclua a venda com um acordo de compra e não deixe de fornecer uma nota fiscal ao comprador 127
22. O serviço prestado ao cliente é a reputação para a próxima venda. E a base para um cliente leal.....................................130
23. Serviço extra leva ao "testemunho" 132
24. É melhor ganhar referências (indicações) do que pedir por elas 135
25. A publicidade traz conscientização. A publicidade testemunhal traz clientes 137
26. Sucesso nos negócios não diz respeito a pessoas simplesmente, diz respeito a pessoas extraordinárias 143
27. Concorrência significa preparar-se para ser o melhor.................145
28. Reconheça e agradeça àqueles que ajudaram você a ter sucesso ..149
29. Para obter lealdade você precisa OFERECER lealdade................151
30. Decida. Não importa se está certo ou errado. Decida! 155
31. Você se torna conhecido por suas ações. Seja ético 159
32. Se você fez seu dever de casa e se preparou bem, ficará evidente em seu boletim de sucesso.......................................161
32,5 Se funciona há 100 anos ou mais, nem pense em fazer mudanças...163

Como se obtém sucesso?

PENSE! sobre o que você aprendeu com seu pai e sua mãe. A sabedoria deles trilhou o caminho e construiu os alicerces de sua filosofia, suas convicções, sua personalidade e suas conquistas.

A partir daí, você aprendeu e desenvolveu atributos de sucesso com os outros, tanto vivos como mortos.

Meus pais já se foram. Muitos de meus mentores e modelos nos negócios – John Patterson (vendas e sucesso empresarial), PT Barnum (promoção e relações públicas), Orison Swett Marden (sucesso e persistência), Dale Carnegie (fazer amigos e falar em público) Napoleon Hill (atitude e objetivos), Ayn Rand (estilo de escrita e filosofia), Earl Nightingale (*The Strangest Secret*) e Grouxo Marx (humor) – já morreram.

Mas o que aprendi com eles – e continuo a aprender lendo, estudando e aplicando sua sabedoria – me ajudou a chegar onde estou hoje.

Sou bem-sucedido porque continuei estudando. E à medida que subo os degraus do sucesso, estudo mais e trabalho mais duro. "Vai devagar!" não faz parte de meu dicionário. Nunca fará.

Este livro é um exemplo clássico do que aprendi. Estou repassando para você a versão condensada dessa sabedoria.

Sucesso profissional e pessoal

Todos almejam o sucesso.

Pouquíssimos estão dispostos a trabalhar duro para alcançá-lo. Poucos estão dispostos a estudar e aplicar as lições dos mestres que já fizeram isso. Um número menor ainda ama o que faz o bastante para fazer a caixa registradora de vendas, dos negócios e da vida tilintar.

Esses são os fatos do por quê – por que não e por que sim:

É como se as pessoas entrassem num negócio ou assumissem um emprego por dinheiro, não por amor, e não obtivessem o que queriam. A paixão delas pelo dinheiro supera a paixão pelo que estavam prestes a fazer – amor pela grana, em vez de amor pelo que faziam. E como o dinheiro não se manifesta, elas desistem – frequentemente, desistem do que teria sido um sucesso se amassem o suficiente para persistir.

RECONHEÇA: Ninguém entra num emprego ou negócio pensando "Vou fracassar nisso". Todo mundo QUER ter sucesso. E mesmo assim, poucos conseguem.

SE VOCÊ QUER TER SUCESSO: Existem elementos que você deve planejar, amar e dominar para agarrar a oportunidade e mantê-la na mão.

E se você observar a história de John Patterson, os elementos se tornam muito mais claros. Aqui estão eles...

- **Uma ideia que você acredita que vai dar certo.**
- **Uma visão clara do que é preciso para vencer. "Um objetivo importante definido", para citar Napoleon Hill.**
- **Ver a oportunidade e agarrá-la.**
- **A coragem de enfrentar tempos difíceis.**
- **A tolerância ao risco de ver obstáculos como temporários.**
- **Determinação sobre o dia e os problemas que você enfrenta.**
- **Boas pessoas para lhe ajudar.**
- **Conhecer o que faz. E estar disposto a aprender o que é novo.**
- **Contar com a sabedoria dos outros que já fizeram.**
- **Desejo verdadeiro de obter sucesso além do dinheiro.**
- **Amar o que quer que esteja fazendo.**

Examine esses elementos e avalie-se em relação a eles. Que nota você se dá?

Se você está em busca de ouro, sete numa escala de dez é a nota mínima para se obter riqueza. Ou, melhor dizendo, *tilintar sua caixa registradora*. Se você vai se lançar no empreendedorismo, se você vai agarrar uma oportunidade profissional, quanto maior a excelência que puder alcançar nesses elementos, maior será a chance de se obter sucesso.

Aprenda a ser bem-sucedido com pessoas que obtiveram sucesso

"As pessoas não gostam que vendam para elas, mas adoram comprar, é uma frase que considero minha marca registrada. É meu mantra de vendas que uso há anos.

Minha diretora de pesquisa de *Os Princípios Patherson de Vendas*, Amanda Desrochers, gritou: "Jeffrey! Ouça isto: 'Se o *prospect* entender a proposta, não será preciso vender para ele; ele virá para comprar.' É uma citação de Patterson".

Ela riu deliciada.

"Vocês pensam a mesma coisa!"

Não foi uma surpresa para mim. Mas fiquei impressionado (e gratificado) com a semelhança entre nossas filosofias e o espaço de tempo entre elas – mesmo assim, a estratégia para executar a mudança continuava a mesma.

Cem anos separam essas afirmações, mas, filosoficamente, estavam a menos de um centímetro de distância.

Há um ditado que diz: "Quanto mais as coisas mudam, mais permanecem iguais". Assim como os grandes pensamentos e ditados, se essa filosofia resistiu ao teste do tempo, significa que é verdadeiro.

Tive a ideia de reavivar os princípios de Patterson, depois de fazer uma apresentação nas conferências anuais de vendas da National Cash Register Company em Miami e Cannes.

Como historiador de sucesso e negócios, conhecia Patterson, mas não tinha ideia da profundidade de suas estratégias e realizações.

Após fazer uma pesquisa detalhada na NCR e na Sociedade Histórica do condado de Dayton/Montgomery (que abriga todos os tesouros da NCR), percebi: "Este cara é um dos fundadores do sucesso empresarial americano e o *pai* das habilidades em vendas nos Estados Unidos – e seus princípios estão enterrados."

Os princípios de Patterson se aplicam a **QUALQUER PESSOA QUE ALMEJA SUCESSO NOS NEGÓCIOS**. Se for seu caso, leia este livro e peça a todas as pessoas em sua organização que leiam também para que entendam sua filosofia e compartilhem de seus pensamentos e do processo de sucesso.

Este livro é sua oportunidade de aprender negócios aos pés de John Patterson, o fundador e presidente da NCR e primeiro mestre em vendas e empreendedorismo dos Estados Unidos.

Tenha em mente que estes princípios de sucesso foram criados antes de coisas como telefone e automóvel existirem. Estradas asfaltadas não eram prioridade. Era o começo da revolução industrial americana e John Patterson decidiu assumir uma posição de liderança.

Depois de ler e estudar, descobri que Patterson foi instrumental na criação de muitos aspectos da revolução industrial e empresarial.

A seguir está uma pequena lista:

Um dos pais do autoaprimoramento
Um dos pais da liderança
Um dos pais da criatividade corporativa
Um dos pais do pensamento positivo
Um dos pais dos sistemas corporativos
Um dos pais da tecnologia empresarial
Um dos pais dos incentivos e reconhecimentos
Um dos pais das 500 melhores empresas da revista *Fortune*
Um dos pais do sucesso

PENSE SOBRE ISTO: Foi Patterson que cunhou a palavra PENSE! que todos creditam a Thomas Watson e à IBM. O que as pessoas não sabem é que Watson trabalhou para Patterson, se apossou quando ele saiu e usou-a para iniciar a lenda da IBM.

PENSE SOBRE ISTO: Foi Patterson que criou o modelo original de vendas baseado em personalidade. Foi Patterson que fez o primeiro livro sobre como lidar com objeções nas vendas. Foi Patterson que montou os primeiros quiosques de vendas. Em barracas. Em descampados. Patterson não chamava clientes potenciais de *prospects* ou supostos; referia-se a eles como "prováveis compradores".

John Patterson foi o pai do...

John Patterson, presidente da National Cash Register Company, foi um visionário, pensador, empreendedor, aventureiro, leitor, professor, aluno e vendedor. Certamente o melhor vendedor de seu tempo. Possivelmente o melhor vendedor de todos os tempos.

O sucesso de Patterson deveu-se a sua capacidade de combinar a emoção que faz a venda com a lógica que explica o raciocínio que está por trás. Ele tinha uma combinação perfeita entre emoção e lógica. Formar opiniões ou justificar decisões remete a ser lógico, mas Patterson entendia que o processo de compra era emocional.

Ele sabia disso. E ensinava isso.

Patterson não foi só um empresário, foi o criador da maioria das práticas que distinguem as empresas americanas modernas de todas as outras empresas do mundo.

Não foi apenas um vendedor, foi o fundador da prática de vendas moderna. Não foi apenas um orador, estava entre os mais eficientes demonstradores públicos. Não foi apenas um financista, foi o maior expoente em ganhar dinheiro gastando dinheiro. Não foi apenas um fabricante, foi o criador da indústria americana moderna.

Não foi apenas um juiz ou um selecionador de pessoas, foi o pai da empresa organizada e o desenvolvedor de mais líderes corporativos do que qualquer outro homem de seu tempo. Não foi apenas um homem com personalidade de comando, foi um raro líder de homens – igualmente autoconfiante nas ameaças de derrota tanto quanto nas expectativas de vitória.

Patterson foi o pioneiro do desenvolvimento pessoal para a excelência nos negócios, enfatizando a semelhança entre prontidão física, prontidão mental e sucesso. Patterson treinou seu pessoal da mesma maneira que treinou a si mesmo. Com paixão e intensidade.

Mas de longe, a evidência mais marcante de sua genialidade foi seu conceito de...

"Criar a demanda por um comprovante de compra, em vez de apenas tentar vender o conceito de caixa registradora."

Patterson foi o pioneiro das vendas porque...

- **Foi a primeira pessoa a perceber que um cliente tinha maior probabilidade de concluir uma transação através da compra do que da venda.**
- **Criou o modelo original de *"pull through".***
- **Foi o pioneiro do treinamento de vendas.**
- **Ensinou seu pessoal a se adaptar e harmonizar com o "provável comprador" (*o prospect*).**
- **Inspirou seu pessoal com ideias que funcionavam.**
- **Deu suporte a seus vendedores com publicidade e promoções para que a marca NCR de caixas registradoras fosse de longe o equipamento de primeira escolha.**

Patterson foi o pioneiro do empresariado norte-americano por causa...

- **Das estratégias que criou.**
- **Dos métodos que desenvolveu.**
- **Da maneira como transferia sua genialidade para sua equipe.**
- **E de sua trajetória de sucesso para provar isso.**

De onde John Patterson tirou seus conceitos e estratégias?

Ele lia.

John Patterson via um bom livro como um patrimônio mental valioso. Somente livros que valiam a pena ser relidos repetidamente faziam parte de sua biblioteca particular. Seus livros eram assinalados e sublinhados de ponta a ponta. Sempre que um novo conceito aparecia, John Patterson o sublinhava, marcava a página, estudava e punha em prática. Muitas passagens sublinhadas em seus livros mostram a essência da mensagem que capturava sua atenção.

Os livros ajudaram a moldar o homem e o império que construiu. Patterson acreditava que um bom livro não era uma diversão para as horas livres, mas um meio verdadeiro de gerar poder. Ele lia. E gerava poder.

Muitos anos atrás, comprei uma coleção de livros da biblioteca original de Patterson. A maioria sobre longevidade, além de algumas biografias.

Estava lendo os livros para concluir este trabalho e decidi examinar cada livro que tinha de Patterson – e escolhi o título *He Can Who Thinks He Can* [*Pode Aquele que Acredita que Pode*], de Orison Swett Marden. Gelei. Tenho a primeira edição do livro, publicada em 1908, e percebi que Patterson e eu tínhamos mais de uma coisa em comum.

NOTA PESSOAL DO AUTOR: A pessoa em que Napoleon Hill se inspirou foi Orison Swett Marden. Ele foi o gênio da atitude positiva do século 20. Ultimamente, tenho comprado todo livro de Marden que cai em minhas mãos.

Agora levo comigo o livro de Marden, da biblioteca de Patterson, e leio uma página ou duas por dia. Leio especialmente as partes que Patterson sublinhou. Como sempre, ele identificou as preciosidades.

CITAÇÕES SUBLINHADAS PELAS MÃOS DE
JOHN PATTERSON, TIRADAS DO LIVRO:

Pode Aquele que Acredita que Pode

de Orison Swett Marden
publicado em 1908

TODA CRIANÇA DEVE SER ENSINADA A ALMEJAR O SUCESSO

MILHARES DE PESSOAS, ESCRAVIZADAS POR MAUS HÁBITOS FÍSICOS, SÃO INCAPAZES DE DAR O MELHOR DE SI EM SEUS TRABALHOS.

ALGUNS DOS GRANDES HOMENS DA HISTÓRIA NUNCA DESCOBRIRAM A SI, ATÉ QUE PERDERAM TUDO, EXCETO SUA DETERMINAÇÃO E CORAGEM.

É FÁCIL ENCONTRAR HOMENS DE NEGÓCIOS BEM-SUCEDIDOS, MAS NÃO É FÁCIL ENCONTRAR HOMENS QUE COLOCAM O CARÁTER ACIMA DOS NEGÓCIOS.

PRATICAMENTE QUALQUER PESSOA PODE DECIDIR FAZER ALGO GRANDIOSO. SOMENTE O CARÁTER FORTE E DETERMINADO PÕE EM PRÁTICA A DECISÃO.

AINDA NÃO SE DESCOBRIU UM SUBSTITUTO PARA A HONESTIDADE.

A FELICIDADE É UM ESTADO DE ESPÍRITO.

DECIDA QUE VOCÊ SERÁ UM HOMEM DE IDEIAS, SEMPRE EM BUSCA DO APRIMORAMENTO.

O PODER GRAVITA EM TORNO DO HOMEM QUE SABE COMO E POR QUÊ.

NÃO EXISTE NA LÍNGUA INGLESA PALAVRA MAIS MAL E ABUSIVAMENTE UTILIZADA DO QUE SORTE.

AS PESSOAS MAIS INSTRUÍDAS SÃO AQUELAS QUE ESTÃO SEMPRE APRENDENDO, SEMPRE ABSORVENDO CONHECIMENTO DE TODAS AS FONTES DISPONÍVEIS E EM TODAS AS OPORTUNIDADES.

UM TESTE DA QUALIDADE DO INDIVÍDUO É O ESPÍRITO COM QUE ELE TRABALHA.

DICA DO GIT... Quer uma lista completa de citações que Patterson sublinhou em seu livro e uma relação dos títulos de Marden? Acesse www.gitomer.com, registre-se se for um usuário novo e digite a palavra MARDEN na caixa GitBit.

Faça a registradora tilintar

Cento e vinte anos depois que John Patterson criou a demanda por um comprovante de compra, a subsistência das pessoas ao redor do mundo continua baseada em sua premissa básica de *fazer a caixa registradora tilintar*. Se você trabalha com varejo, quer fazer sua caixa registradora tilintar. Se você atua em qualquer outro negócio, quer fazer uma tonelada de vendas e ter sucesso. E, em sua vida, você quer alcançar tanto o sucesso monetário quanto o pessoal. O tilintar da caixa registradora é uma metáfora para a qual você pode encontrar uma relação ou se identificar. Não é apenas um som, é um sentimento.

Mais interessante é o fato de que eu quase deixei passar esta premissa, e se não fosse por um jantar com o grande Pat Hazell no Sullivan's em Charlotte, Carolina do Norte, não teria incluído este AHA! Mostrei à Pat a preparação de meu livro, enquanto dávamos uma volta por meu estúdio e meu escritório e contei um pouco sobre Patterson.

Pat tinha acabado de fazer alguns eventos em Dayton, Ohio, e enquanto discutíamos sobre o livro, ele me perguntou se tinha um capítulo chamado "fazendo a caixa registradora tilintar." E fiquei sentado pensando comigo mesmo: Não tem. Mas terá.

Fazer a caixa registradora tilintar é *o* aspecto mais fundamental da função de um empresário. Se você fizer tudo no ciclo do negócio e da venda, mas deixar de fazer a registradora tilintar, então como empresário ou vendedor você falhou. A registradora, e a notinha que a acompanha (ou o pedido), é o que mede o sucesso ou o fracasso do negócio. Lembra? "Nada acontece até que seja feita uma venda", Red Motley, 1946.

ENTÃO O OBJETIVO PERMANECE O MESMO: A visão de sua empresa pode ser diferente. A missão de sua empresa pode ser diferente. O produto de sua empresa pode ser diferente. O serviço de sua empresa pode ser diferente. A maneira como você faz negócios pode ser diferente.

Mas todos têm o mesmo objetivo. Fazer a registradora tilintar. Faça uma conexão. Faça uma venda. Faça um acordo. Faça acontecer. Faça sucesso.

E faça uma fortuna.

Arquivo da NCR na Montgomery Historical Society

A milionésima caixa registradora vendida pela NCR.

Independentemente do que John Patterson fez ou deixou de fazer, independentemente de como John Patterson foi como pessoa, independentemente de qual foi sua intenção ou visão, 120 anos depois, os processos que ele criou e inspirou os outros a criar – seus incríveis atos de liderança e princípios ainda fazem sobra e continuam sendo o âmago do sucesso de qualquer empresa e de qualquer pessoa de negócio.

Você pode voar:

Toda vez que uma caixa registradora tilinta, uma empresa ganha asas.

Toda vez que uma caixa registradora tilinta, um CEO ganha asas.

Toda vez que uma caixa registradora tilinta, a produção e o estoque ganham asas.

Toda vez que uma caixa registradora tilinta, um vendedor ganha asas.

Quer voar? Faça *sua* registradora tilintar!

ESTE É SEU DESAFIO: comece pelo princípio um. PENSE! E dia após dia, princípio por princípio – domine cada uma dessas estratégias e iniciativas.

E para alcançar o sucesso, e alcançar a realização, entenda que o objetivo permanece: fazer a caixa registradora tilintar. Faça a registradora tilintar.

DINHEIRO EM CAIXA
Din Din!

A maioria das pessoas busca uma fórmula secreta para o sucesso – você já tem este segredo intrinsecamente – este livro foi escrito para ajudar você a descobri-lo e tomar as atitudes corretas para prosperar.

– Jeffrey Gitomer

A evolução e o poder da nota fiscal de compra

Nunca esqueça a genialidade associada à filosofia: Patterson não vendia a caixa registradora; em vez disso, ele criou a necessidade e a demanda por um comprovante ou nota de compra.

Esta talvez seja a estratégia de negócio mais poderosa dos séculos XIX, XX e XXI.

Use alguns minutos para pensar como você poderia usar essa filosofia para construir seu negócio.

- **Que demandas você está criando?**
- **Quem precisa do que você oferece?**
- **Quem está lhe chamando para comprar?**

Some a esta incrível realidade que a nota fiscal é um dos pedaços de papel mais poderosos do mundo. Cada comprovante tem um poder próprio. É sua PROVA de compra e de propriedade. E TODA compra agora vem acompanhada de uma nota fiscal. Graças a Patterson.

Uma nota fiscal não só prova que você adquiriu algo, como também prova que você é dono desse bem, que pode devolver, trocar ou revendê-lo, pode ser reembolsado por ele, pode exigir e executar uma garantia e pode obter uma dedução de imposto. Em alguns casos, você precisa mostrar sua nota depois que acabou de fazer a compra.

Você guarda notas fiscais por anos.

Geralmente elas sobrevivem ao produto que você comprou.

Arquivo da NCR na Montgomery Historical Society

Foto promocional da NCR usada no início da década de 1990.

Pense na freqüência com que você usa suas notas fiscais. Elas são documentos, são lembretes que marcam a passagem do tempo e de seu dinheiro. Notas são uma constante nas empresas nos últimos cem anos. "Quer que ponha a nota na sacola?"

A nota fiscal é a única coisa nos negócios que permaneceu intacta. Uma nota é o "prêmio", porque sem ela, você perdeu.

Os bancos emitem um comprovante das transações realizadas nas contas correntes. Uma fatura de cartão de crédito é sua nota fiscal. Uma nota fiscal não é apenas a prova de uma compra – é o registro de uma transação. Prova de um pagamento com identificação do funcionário, data, hora etc. É um documento valioso de quem fez o que, quando e do valor envolvido.

Quer seu dinheiro de volta? É melhor ter guardado suas notas. A Receita Federal está atrás de você? É melhor ter guardado suas notas fiscais.

A pergunta, "Quer a nota?" veio antes de "Quer fritas para acompanhar?"

"Uma nota fiscal, assim como uma escritura, é uma prova de propriedade."

Citação de uma brochura da National Cash Register, em 1912

"Tente conseguir um estorno sem ela."

Jeffrey Gitomer

O provável comprador

A filosofia de vendas de Patterson focava o conceito de referir-se ao *prospect* como um *provável comprador*, definindo, portanto, o *prospect* e sua atitude em relação a ele praticamente ao *mesmo* tempo.

Tão poderoso. É o maior AHA! de vendas que já tive desde que ganhei minha primeira comissão em 1963 (sim, 1963).

Para mim, *provável comprador* é a filosofia mais poderosa que *já* conheci.
Tem bem mais de cem anos e NINGUÉM A USA.

Patterson poderia ter usado palavras como *prospect*, possível, em perspectiva e potencial. Mas em seu processo de pensamento de atitude positiva, ele não só supunha a venda – como incutia palavras-pensamento nas mentes de seu pessoal para que reforçassem constantemente seus próprios sistemas de convicção.

Provável comprador é um "elemento perdido" clássico dos Princípios Patterson que não só será ressuscitado aqui, mas que você pode empregar cotidianamente em sua busca pelo sucesso.

A evolução do manual básico de vendas (*The Primer*)

John Patterson não acreditava simplesmente no poder do treinamento, ele vivia sua essência. Ele percebeu cedo que o treinamento era o elo para vendas infinitas e sucesso empresarial. Patterson criou o primeiro sistema de vendas.

Ele selecionou passos que obtiveram sucesso no passado e treinou a todos para usá-los. Em seu negócio existem passos que funcionam. Seu trabalho é descobrir, documentar e aprimorar esses passos o melhor possível, testá-los em campo e treiná-los.

O manual básico original da NCR, "Como Vender Uma Caixa Registradora", que ficou conhecido como *The Primer*, continha instruções sobre o que um vendedor deveria dizer durante a venda e o que deveria fazer enquanto falava. O primeiro manual *The Primer* foi lançado em junho de 1887.

O manual cobria aspectos comuns a todas as vendas e as dividia em quatro partes:

1. **Abordagem ao provável comprador.**
2. **Demonstração da registradora.**
3. **Como vencer objeções.**
4. **Como fechar a venda.**

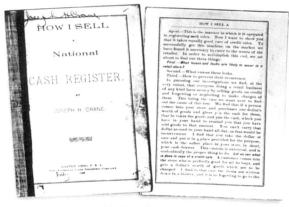

Edição de 1887

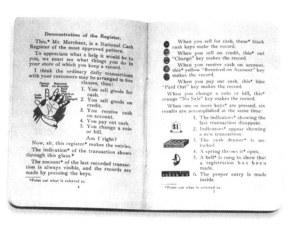

Edição de 1923

"Progredimos por meio da mudança."

— *Citação favorita de Patterson*

O *The Primer* começou quando Joe Crane, cunhado de Patterson e melhor vendedor da NCR, foi chamado para participar de uma reunião de discussão de preços. Ao final da reunião, Crane argumentou que o preço estava adequado e o produto era bom, mas os vendedores não sabiam como vendê-lo. Crane viu que eles vendiam no ambiente do comprador. Era aí onde o problema começava, porque ficavam mais suscetíveis a distrações. Distrações de vendas. Seria muito melhor levar o comprador a outro lugar.

Esta ideia funcionou fenomenalmente para Crane, e Patterson queria que seus vendedores seguissem o exemplo. Crane dizia as mesmas coisas, palavra por palavra, durante cada demonstração para seus prováveis compradores.

Em princípio, Patterson achou que isso se tornaria monótono e cansativo, mas Crane insistia que, "Até agora ainda não se tornou monótono". A razão para isso é que cada vez são pessoas diferentes. Crane apresentou uma de suas demonstrações a Patterson, depois da qual Patterson disse: "Vou chamar o estenógrafo, você pode ditar para ele e ter isso datilografado".

Quando li o *The Primer* pela primeira vez na Sociedade Histórica do Condado de Montgomery, onde estão guardados os arquivos de Patterson, era como se eu estivesse lendo *O Santo Graal* ou *O Talmude*.

The Primer terminava com uma lição sobre o valor e a importância de manter-se fisicamente em forma e um quadro detalhando as "50 Maneiras para me Tornar Melhor". Patterson não pensava em termos de lucro, como a maioria dos vendedores. Em vez disso, ele pensava em termos do benefício que a caixa registradora traria para o provável comprador.

Ele achava que se algum dos vendedores não conseguia vender seu produto, deveria haver algo de errado com o vendedor, não com o produto.

Fisicamente	Emocionalmente
1. Comida simples, qualidade, quantidade.	1. Pensar sensatamente.
2. Comer e dormir com regularidade.	2. Aprender com aqueles mentalmente superiores.
3. Mastigar bem; sair da mesa ainda com fome.	3. Aprender a ouvir com atenção.
4. Somos parte do que comemos.	4. Ler os melhores jornais e livros.
5. Exercitar-se, cinco minutos, três vezes ao dia.	5. Melhorar a memória.
6. Ar – importantíssimo.	6. Concentrar-se.
7. Luz do sol, luz artificial.	7. Não se preocupar desnecessariamente.
8. Roupas folgadas.	8. Ser sistemático.
9. Água para dentro, água para fora.	9. Ser ponderado.
10. Dormir cedo; bastante.	10. Evitar mentes inferiores.

Para ele, a aparência pessoal era tudo. Ele insistia para que todos seus homens estivessem barbeados, bem vestidos, com os sapatos polidos e fossem saudáveis, ativos, despertos e prósperos. Se seus homens seguissem essas "50 Maneiras para me Tornar Melhor", estariam no caminho para o sucesso pessoal e profissional.

O mesmo serve para você – e para as mulheres também.

50 Maneiras para me Tornar Melhor

Moralmente	Financeiramente	Socialmente
1. Certo é certo, errado é errado.	1. Aumentar meus ganhos.	1. Evitar maus sócios.
2. Ser confiável.	2. Reduzir despesas desnecessárias.	2. Escolher amigos prestativos.
3. Ignorar precedentes casos errados.	3. Poupar.	3. Pensar sozinho.
4. Buscar divertimentos engrandecedores.	4. Dinheiro traz dinheiro.	4. Aprender a ser feliz sozinho.
5. Não se iludir.	5. Investir – não apostar.	5. A família é a melhor companhia.
6. Aprender a dizer "não".	6. Fazer um orçamento familiar.	6. Resolver seus problemas sozinho.
7. Ater-se a seus princípios.	7. Trabalhar duro.	7. Evitar a assim chamada sociedade.
8. Evitar tentações.	8. Estudar o negócio.	8. Divertir-se economicamente.
9. Criar bons hábitos.	9. Comprar tudo à vista.	9. Dar-se bem com os vizinhos.
10. Ter normas.	10. Não assumir dívidas.	10. Fazer algum trabalho beneficente.

A imagem da direita é uma "combinação" das duas imagens clássicas do *The Primer*. Ela diz o que você deve fazer para estar pronto TANTO **física** QUANTO emocionalmente para o sucesso.

Princípios são guiados pela verdade

Decidi chamar estas filosofias e estratégias empresariais de "princípios" porque são verdades, e cabe a você implementá-los em seu negócio e sua vida.

Prefiro muito mais fazer negócio com pessoas guiadas por princípios do que por dinheiro. Pessoas guiadas por dinheiro têm um pouco mais de grana, mas focam no aspecto monetário da transação em vez de focar no relacionamento com o cliente. E você fareja essas pessoas de longe.

Pessoas guiadas por princípios são ricas. E essa riqueza não está apenas no dinheiro. Está na reputação, atitude, orgulho próprio. E não apenas em seu sucesso, mas também em sua realização. Uma pessoa que vive com base em princípios tem maior probabilidade de sentir-se realizada ao contabilizar seu dinheiro. Todo mundo contabiliza seus ganhos. A verdadeira questão é *como você se sente quando sabe o saldo total?* Entendeu?

Ser uma pessoa de princípios significa que você se conduz. E dessa forma, se inspira e se realiza através da própria inspiração.

Estes princípios têm mais de 100 anos. Carregam uma história de sucesso. São todos fáceis de entender. Nenhum deles quebra regras corporativas. Cada um deles pode ser dominado com dedicação. Juntos, estes princípios englobam e abordam o processo empresarial e de vendas que levará você ao sucesso hoje, este mês, este ano e por toda a vida.

– Jeffrey Gitomer

Você pergunta: o que é um princípio DINHEIRO EM CAIXA *Din Din!*?

Um princípio é um conceito, uma estratégia, ou um pensamento – que quando entendido, praticado e implementado em seu processo de negócios, torna-se parte de sua filosofia, em vez de tornar-se simplesmente uma técnica. Princípios são a forma mais elevada de ação e autoconfiança. "Dê-me liberdade ou dê-me a morte!" é um princípio.

Descrevi 32 princípios importantes de Patterson que, acredito, capturam a essência do que ele pregava e praticava. Acrescentei meus conceitos e adaptações para o século XXI para que você possa implementar essas estratégias em sua busca pelo sucesso. Muitos deles avançam das vendas para os negócios, para a vida. Ainda melhor. Os mais poderosos. Os mais valiosos para você, não importa seu cargo ou profissão.

Tomei a liberdade de adaptar uma palavra ou outra sem violar a maneira de pensar de Patterson. Nossas filosofias são tão semelhantes que assusta. E acrescentei uma minha. É o ,5 dos 32,5 princípios. É o que une todos os outros. Mas a verdadeira pergunta que você está fazendo neste momento é:

"Hei, Gitomer, como isso pode ser útil para mim?"

Isso é o que você saberá conforme ler cada princípio DINHEIRO EM CAIXA *Din Din!*...

CITAÇÕES: Uma de Patterson, uma minha. E ocasionalmente uma de alguém relevante. As citações enfatizam o princípio e estimulam você a pensar sobre eles. Todo mundo adora uma informação repentina. E as citações ajudarão a esclarecer o que irá ler em seguida e preparar sua mente para os pensamentos contidos no princípio.

DESCRIÇÃO E EXPLICAÇÃO DO PRINCÍPIO: Cada princípio refere-se a um elemento de negócios e diz respeito a seu crescimento e sucesso. Os princípios têm como objetivo criar um entendimento e uma conscientização e estimular você a pensar sobre como se relacionam com você e com seu negócio e, além disso, a agir para alcançar o sucesso, princípio a princípio – não somente no final do livro.

PENSE!...E FAÇA: O processo de aplicação ao mundo real para fazer você PENSAR. A expressão "PENSE!" vai desafiar você a fazer exatamente isso. Teremos os "PENSE!" para você pensar sobre o assunto e teremos perguntas para você fazer a si próprio. O "PENSE!" e o ícone de exercício servem para ajudar você a entender como pensar

sobre o princípio. Especificamente, como aplicar e adaptar o conceito a sua carreira e a sua vida.

@TACO. TACADA DE AÇÃO CORPORATIVA E TACADA DE ALCANCE (SUCESSO) CORPORATIVO. SUA OPORTUNIDADE DE ACERTAR A TACADA. As pessoas nas empresas e os empreendedores são como jogadores – jogando de verdade. Eles estão em campo no estádio corporativo, de uniforme, posicionados, com uma chance de acertar a bola. Como rebatedor, você tem uma oportunidade. As pessoas estão observando você no estádio, os espectadores (também conhecidos como seus clientes), estão torcendo por você ou vaiando. Você já conseguiu DINHEIRO EM CAIXA *Din Din!* vendendo um ingresso para eles e um cachorro quente. Agora é sua oportunidade de chegar nas bases. Se você acertar uma de cada três tentativas durante 20 anos, irá para o *hall* da fama como um dos melhores jogadores da história do beisebol. Você terá seu quinhão de *home runs* e seu quinhão de *doubles.** Mas o objetivo é *fazer contato, chegar nas bases, marcar pontos, ganhar o jogo.* O ícone **@TACO** aparecerá ao longo deste livro como uma tacada de alcance (sucesso) corporativo ou uma tacada de ação corporativa. É sua oportunidade de acertar a tacada. E marcar ponto.

---

* No beisebol, *home run* (conhecido com HR) é uma rebatida na qual o rebatedor é capaz de circular todas as bases, terminando na casa base e anotando uma corrida, com nenhum erro cometido pelo time defensivo na jogada que resultou no batedor-corredor avançando bases extras. O *home run* está entre os aspectos mais importantes do beisebol, e grandes rebatedores de HRs são normalmente os jogadores mais populares entre os torcedores e também os mais bem pagos dos times.

Nas páginas a seguir estão os Princípios DINHEIRO EM CAIXA *Din Din!* Do Sucesso Empresarial e Profissional.

Muitos deles foram extraídos do The Primer e outros textos escritos por e sobre John Patterson e por pessoas que trabalharam com ele.

Acrescentei 40 anos de experiência em empreendedorismo, 30 anos de experiência em vendas e 15 anos de experiência como escritor para que estes princípios se apliquem a sua vida profissional e a seu sucesso nos negócios.

Princípio 1:

Pense!

"Pensar e Agir - duas palavras de progresso"

John Patterson

"Pensar – uma ação que pouquíssimas pessoas gastam tempo para fazer"

Jeffrey Gitomer

A expressão PENSE! acompanhará você ao longo deste livro. É uma ação que pouquíssimas pessoas gastam tempo para fazer – uma oportunidade infindável de estar à frente e ter sucesso.

Patterson acreditava que o progresso era resultado do pensamento. *No que você está pensando?*

A expressão PENSE! Foi usada como uma ferramenta motivacional para os funcionários na empresa de Patterson. Ele os desafiava a pensar sobre as ideias e os princípios dele e os desafiava a pensar sobre como utilizariam estes princípios. E muitos fizeram.

Um verdadeiro líder é alguém que inspira seu pessoal a melhorar, não apenas a seguir ordens. Patterson fazia ambos.

Em 1911, quando a NCR vendeu sua milionésima caixa registradora, foi impresso um livro de bolso para os vendedores como um lembrete motivacional.

O título do livro era *PENSE!* e continha passagens curtas sobre o que alguns dos maiores inventores estavam fazendo para o mundo naquela época.

"Pense sobre que coisa maravilhosa Thomas A. Edison fez quando pensou sobre a lâmpada incandescente" é um exemplo dessas passagens. No final do livro, Patterson mostrou como o pensamento tornou a caixa registradora um item comum nas empresas para mais de um milhão de comerciantes.

PENSE! numa ação para cada um desses pensamentos empresariais todos os dias.

Como posso descobrir novos clientes?
Como posso me tornar um apresentador melhor?
Como meu cliente pode se beneficiar usando meu produto?
Como me aprimorei hoje?
O que aprendi de novo?
Como posso ser mais prestativo?
Minha atitude foi melhor hoje do que ontem?
Meus clientes são fiéis hoje?
Como estou investindo meu tempo hoje?
Recebi uma indicação hoje?
Fiz uma indicação hoje?
Trabalhei no meu legado hoje?

Depois tente estes seis pensamentos pessoais:

Como me relaciono com aqueles que amo?

O que posso fazer a cada dia para melhorar minha relação e demonstrar mais amor?

O que estou fazendo para me tornar uma pessoa melhor?

O que eu poderia (ou deveria) fazer para melhorar como pessoa e melhorar minha qualidade de vida?

O que estou fazendo para rir mais e me divertir mais?

O que estou fazendo para pensar com mais profundidade e me desafiar a cada dia?

Pensar, assim como qualquer outra ação, é uma disciplina.

Você decide qual será o resultado com base em seu desejo e sua autodeterminação.

É importante conscientizar-se logo de início de que cada princípio requer de sua parte: pensamento para entendê-lo e ação para dominá-lo. Esses pensamentos serão a espinha dorsal de suas ideias e de como implementá-las – suas ações para alcançar o sucesso.

O Livro Prata do DINHEIRO EM CAIXA *Din Din!* Jeffrey Gitomer **51**

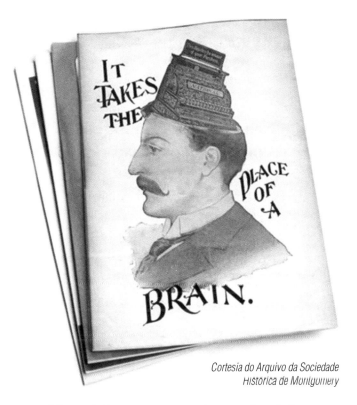

Cortesia do Arquivo da Sociedade Histórica de Montgomery

A figura foi impressa na quarta capa da edição de junho de 1894 da The Hustler.

A maioria das pessoas não tem ideia de como despender tempo pensando. Experimente escrever seus pensamentos à medida que surgirem. É uma maneira de preservar e esclarecer seus pensamentos.

NOTA DO AUTOR: Escrevo meus pensamentos há mais de 40 anos. Não é simplesmente pensar – é capturar seus pensamentos e transformá-los em realidade.

Sobre o que você anda pensando?
Como você transformou esses pensamentos em ações?
Como você sabe quando um pensamento está completo?

RESPOSTA: Não sabe.

Se você acha que pensou em algo bom ou teve uma boa ideia, experimente por em prática. Parte de converter pensamentos em ações é arriscar. A melhor maneira de ver um risco é como uma *oportunidade de realizar e crescer*.

 Reserve um tempo para o PENSE! Agende um horário diário para o PENSE! mesmo que seja apenas 15 minutos. Decida com antecedência sobre o que quer pensar e que soluções está buscando.

Sei que parece piegas – mas eis o ouro:

Escreva suas ideias, não importa quão absurdas possam parecer – anote seus pensamentos ininterruptamente durante dez minutos. Este fluxo consciente de pensamento renderá a você alguns resultados impressionantes.

PENSE!

Faça isso durante uma semana.

Os resultados serão tão impressionantes que você fará isso pelo resto da vida.

– Jeffrey Gitomer

Princípio 2:

Autoconfiança

(A característica mais convincente de uma pessoa)

"Se o próprio vendedor acredita na honestidade de seus produtos, terá pouca dificuldade em convencer os clientes."

Frank Farrington
(Esta citação foi extraída de um livro sublinhado da biblioteca de Patterson.)

Autoconfiança é a característica mais convincente para os outros, e a CARACTERÍSTICA mais convincente para você.

Jeffrey Gitomer

Antes, e acima de tudo, Patterson treinou seus funcionários para acreditarem em si mesmo como pessoas, *antes* de aprenderem qualquer coisa sobre seu trabalho ou processo. Em 1923, a primeira página do *Primer* explicava a importância da autoconfiança. "Você deve acreditar em si mesmo. Deve acreditar que pode fazer o que assumiu, ou nunca conseguirá fazê-lo. O sucesso em qualquer coisa depende de cada um de nós individualmente."

Autoconfiança é o ponto central do sucesso. É a ponte entre sua atitude pessoal e entusiasmo e sua capacidade de transmitir confiança aos outros.

Se você não acredita no que faz e na pessoa para quem trabalha, sua habilidade de engajar os outros será pequena.

Para crescer na carreira, a maioria das pessoas se concentra no conhecimento do produto, habilidades interpessoais, talvez em habilidades de *networking* e outras poucas coisas. Mas deixam de fora dois elementos críticos do sucesso para o verdadeiro progresso e realização: autoconfiança – o outro elemento é atitude positiva.

HISTÓRIA: A linha comum entre todos os líderes, filósofos e especialistas em desenvolvimento pessoal são seus textos consistentes sobre os temas: pensamento positivo e autoconfiança.

Dale Carneggie, autor do atemporal *Como Fazer Amigos e Influenciar Pessoas*, disse: "Se você acredita no que está fazendo, então não deixará nada lhe deter em seu trabalho. Muitos dos melhores trabalhos no mundo foram realizados desafiando todas as impossibilidades. O importante é fazer o trabalho".

Entende o que quero dizer? Você é assim? Quão profunda é sua convicção?

DESAFIO: Citações atemporais são verdades que venceram a prova do tempo. O desafio das citações é que a maioria das pessoas (não você, é claro) as lê por alto, não percebem seu poder, e pior, não inspiram suas ações nelas. Ler não é acreditar. Ação requer crença. Suas palavras e ações são um espelho do que você acredita.

A razão pela qual essas citações e verdades não são assimiladas é porque requerem que você se conheça. Fazem você pensar sobre onde esteve, onde está e aonde quer chegar.

Dentre centenas de pensamentos poderosos e pérolas da sabedoria, Napoleon Hill, em seu livro épico de autoajuda, *Think and Grow Rich* (*Pense e Enriqueça*), disse: "A mente humana pode alcançar qualquer coisa que possa conceber e acreditar ". Percebe a visão?

Em minha caixa de entrada, esta manhã, havia a seguinte "citação do dia", de Maxwell Maltz, autor de *Psycho Cybernetics*: "Neste momento existe dentro de você um poder para fazer as coisas que você jamais acreditou ser possível. Este poder se tornará disponível assim que você mudar suas convicções".

E você?

- **No que você acredita?**
- **Você acredita o bastante para viver com paixão?**
- **Você acredita o bastante para convencer os outros a enxergar seu ponto de vista ou o seu jeito como a melhor maneira?**
- **Você acredita o bastante para ter sucesso?**
- **Como você pode reforçar sua autoconfiança?**
- **Você percebe que sua autoconfiança está ligada ao seu grau de sucesso?**

"A mediocridade se origina mais da falta de convicção do que da falta de habilidade". E, na minha experiência, não poderia escrever palavras mais verdadeiras.

Se você quer maximizar suas chances de aumentar seu sucesso, aprofunde seu sistema de convicção antes de fazer qualquer outra coisa.

Para fazer isso, deve ocorrer uma autoavaliação extrema. Isso não é algo que você aprende num seminário ou num treinamento. É algo que só você pode dar a si mesmo. As palavras-chave são: "Você precisa acreditar".

Para descobrir "como," você deve se perguntar "Por quê". Por que você acredita ou não acredita, e o que precisa fazer para tornar isso mais profundo.

Quer uma lição que muda a vida? Anote os elementos ou coisas que estão enfraquecendo suas crenças. Depois escreva as soluções e concentre-se nelas ao longo do ano.

ESSA É A PARTE LEGAL: Quanto mais a fundo você acredita, mais fundos ficam seus bolsos. Uma convicção forte fará de você uma pessoa mais criativa e inovadora, com um ímpeto e um desejo de ajudar as outras pessoas e de ajudá-las a comprar. Existe uma grande diferença entre ímpeto e desejo de vender algo. *As pessoas não gostam que se venda para elas, mas gostam de comprar.*

DICA DO GIT... **Quer mais algumas citações sobre convicção?** Acesse www.gitomer.com, registre-se se for um usuário novo e digite a palavra I BELIEVE na caixa GitBit.

Princípio 3:

Uma atitude mental positiva é determinada por você. Não pelos outros.

"O sucesso depende da atitude individual de cada um de nós."
John Patterson

"A maneira como você se dedica à maneira como pensa é a definição de atitude, seja ela positiva ou negativa. A única diferença é a escolha que você faz sobre a maneira como pensa."
Jeffrey Gitomer

Você se convence de que a vida vai melhorar depois que conseguir um trabalho melhor, ganhar mais dinheiro, se casar, tiver um filho ou alguns outros "depois que". Então se sente frustrado porque as crianças ainda são pequenas e você gostaria que elas já fossem maiores. Depois, se sente frustrado porque precisa lidar com filhos adolescentes. Você certamente ficará feliz quando eles tiverem passado dessa fase. Você diz a si mesmo que a vida vai ficar mais completa quando seu marido ou sua esposa for mais organizado(a), quando tiver um carro melhor, uma casa nova, um aumento de salário, um novo chefe, ou pior, quando se aposentar.

A VERDADE É: Não existe um momento melhor para ser feliz do que exatamente agora. Se não for agora, quando será?

Sua vida sempre será repleta de desafios, obstáculos ou desapontamentos. É melhor admitir isso e decidir ser feliz de qualquer forma.

Alfred Souza disse: "Por muito, muito tempo, me pareceu que eu estava prestes a começar a viver de verdade. Mas sempre havia um obstáculo no caminho, algo que devia ser resolvido primeiro, algum negócio não finalizado, obrigações ainda a cumprir, dívidas a serem pagas. Só então a vida começaria de fato. Até que por fim percebi que esses obstáculos eram a minha vida".

Sua atitude mental é sua motivação e sua inspiração.

Uma atitude mental positiva é a motivação e a inspiração que alimenta sua autoconfiança. Sucesso na carreira, sucesso nas vendas, sucesso nos serviços E na VIDA começam com uma atitude positiva.

Para colocar atitude em *sua* perspectiva, fui além da atitude positiva e escrevi *O Livro de Ouro da Atitude YES!* Um livro que leva a atitude positiva a um nível superior – o nível do YES!

Pensamentos YES! Discurso YES! E ações YES!

A atitude é definida como a maneira como você se dedica à maneira como pensa. Pensar de maneira positiva ou negativa é uma escolha e um processo. O negativo é (infelizmente) um processo instintivo. O positivo é uma autodisciplina aprendida que deve ser estudada e praticada diariamente.

PENSE! Quando você fizer qualquer tipo de comunicação ou apresentação, sua atitude resplandecerá.

Às vezes, seu sol pessoal não está brilhando. Pode ser algum problema com sua família, suas finanças ou sua saúde.

Se você deixar isso passar para seu trabalho, sua empresa, suas apresentações e sua comunicação com os clientes, as consequências serão poucas ou nenhuma venda, risco de perder clientes, desânimo no ambiente de trabalho e diversas outras coisas negativas.

E a menos que você tenha um treinamento formal de atitude, o resultado será que você culpará os outros por sua própria incapacidade de separar sua atitude dos outros eventos.

Quer começar a promover uma mudança de atitude? Tome ações de atitude. Para alcançar uma atitude positiva, você deve tomar ATITUDES físicas, verbais e mentais. Escolha uma citação positiva todos os dias e envie para as 50 pessoas mais importantes de sua vida. Depois de alguns meses, estenda esta lista para os seus 50 contatos profissionais e clientes mais importantes. Os resultados irão elevar sua atitude para o nível YES!

Não existe um caminho para a felicidade.
A felicidade é o caminho.
Ela está PRIMEIRO dentro de sua
mente e em todos os outros lugares depois.

Portanto, valorize cada momento. E valorize ainda mais quando compartilha o momento com alguém especial o bastante para investir seu tempo...

Pare de esperar até terminar os estudos, até voltar a estudar, até perder cinco quilos, até ganhar cinco quilos, até se casar, até ter filhos, até parar de fumar ou até que os filhos saiam de casa.

Pare de esperar até se aposentar, até se divorciar, até sexta à noite, até domingo de manhã, até comprar seu carro novo ou casa nova, até pagar o carro ou a casa, até a primavera, até o verão, até o outono, até o inverno ou até o dia primeiro ou o dia 15.

Pare de esperar até que sua música seja tocada, que beba algo, até que fique sóbrio, até ganhar na loteria ou até que muito tempo tenha passado.

Decida hoje que não existe um momento melhor do que *exatamente agora* para ser feliz.

A felicidade é agora. Não uma meta ou um destino.

A felicidade é uma escolha diária. Decida ser feliz.

DICA DO GIT... **Quer conhecer as 15,5 ações de atitude que ajudarão você a chegar à felicidade?** Acesse www.gitomer.com, registre-se se for um usuário novo e digite a palavra HAPPY ATTITUDE na caixa GitBit.

Princípio 4:

É o treinamento em campo que diferencia o recruta vencedor do aspirante a vencedor.

*"O empenho é barato. O que custa é a preguiça.
Já custou a muitos homens brilhantes uma carreira brilhante."*
John Patterson

*"Sucesso nos negócios é sobrevivência.
O bem preparado tem maior chance de sobreviver,
o mais preparado tem maior chance de vencer."*
Jeffrey Gitomer

Táticas de sobrevivência, embora nem sempre empregadas, devem ser dominadas para que possam ser implementadas sempre que surgir uma contingência.

Não é simplesmente como achar água no deserto; é como vencer a concorrência, como vencer em tempos difíceis e como vencer em cada batalha ou em cada ambiente.

Sobrevivência não é apenas salvar sua pele; sobrevivência é dominar uma situação ou um ambiente e sair vitorioso.

Sobrevivência é estar em forma, pronto e disposto a agir não importa qual seja a situação ou hora do dia.

O treinamento básico inclui autodisciplina física, mental e psicológica. O treinamento básico intenso é um requisito para o sucesso em qualquer esporte, particularmente no esporte dos negócios.

Quando você ingressa no Exército ou nas Forças Armadas, a primeira coisa que eles fazem é colocar você em forma – forma física – para que você possa tratar das tarefas mentais. Isso é chamado de treinamento de recrutas, e todos que passaram por ele se lembra de cada dia. Tenham gostado da experiência ou não, todos admitem que estavam em sua melhor forma, ao final.

Patterson submetia seus homens a seu próprio treinamento de recrutas para assegurar que estava contratando os MELHORES homens de seu time.

Ele não via o processo de recrutamento como a contratação de um empregado ou vendedor. Em vez disso, ele recrutava pessoas as quais planejava treinar para o ramo, para vendas e para o sucesso.

O "treinamento básico" a que Patterson submetia seu pessoal era parecido com um treinamento militar. As pessoas passavam pelo treinamento em alojamentos, no campo, com centenas de outras pessoas, fizesse sol ou chuva, frio ou calor, *antes* de serem contratadas – o que assegurava que ele estava contratando uma pessoa forte em todos os sentidos da palavra.

Sua habilidade em atrair os melhores era lendária. As pessoas se dispunham a ir (e compareciam às centenas) a um campo de treinamento de Patterson e provar que podiam se qualificar como funcionários da NCR, antes mesmo de ganhar um centavo. Em 1900, o salário inicial era de 4 dólares por semana.

Mas eles não precisavam se preocupar com o dinheiro da gasolina – ainda não existiam carros.

Você já notou que algumas pessoas parecem ter mais vigor que outras? Pessoas que combinam exercício físico e mental são mais alerta, estão mais dispostas em produzir, em vender e ávidas em atender. E, coincidentemente, também são aquelas cujo entusiasmo e autoconfiança são contagiantes.

E nos negócios, são as informações dessas pessoas que têm melhor receptividade. Acho que você pode chamar isso de pacote total de cérebro, músculo e beleza. Não "bonito", mas "atraente". E isso resulta em credibilidade e aceitação.

As pessoas passam gradualmente da empolgação para a rotina porque deixam de manter a intensidade do treinamento básico em seu cotidiano. Quanta energia você está colocando em seu treinamento básico?

O quanto você se dedica para ser melhor no que faz? Qual é seu campo de treinamento pessoal? Como você o descreveria? Como você se autodisciplina? Qual é sua agenda diária?

CONSIDERE ISTO: Você teria sobrevivido no campo de treinamento de Patterson? Ou teria reclamado, "Não tem TV a cabo?".

Cortesia do Arquivo da Sociedade Histórica de Montgomery

Barracas do campo de treinamento Sugar Camp, 1924

O exercício deve ser tanto físico como mental. Exercitar-se pode melhorar seu jogo nos negócios. Faça meia hora de treinamento mental e meia hora de treinamento físico por dia. Transpire um pouco. Dê este presente a si próprio para o resto da vida.

O exercício físico pode...

- **Diminuir seu nível de ansiedade**
- **Ajudar você a administrar o estresse mais eficientemente**
- **Melhorar sua auto-estima e confiança**
- **Ajudar você a relaxar e dormir melhor**
- **Ensinar você sobre definição de metas, dedicação e realização pessoal.**

Existe uma ligação entre o bom condicionamento físico e o mental. O fluxo sanguíneo para o cérebro resultante do exercício físico leva a pensamentos mais claros e a decisões melhores. Como você *não* consegue encontrar 30 minutos por dia, cinco vezes por semana, para incluir todos esses benefícios físicos em seu plano de sucesso mental?

> "Uma saúde fraca afeta a capacidade mental, prejudica a disposição e dificulta o progresso."
> *John Patterson*

> "Sua condição física pode estar tirando de você uma chance de sucesso financeiro."
> *Jeffrey Gitomer*

Cortesia do Arquivo da Sociedade Histórica de Montgomery

Aula de treinamento de agentes de vendas da NCR, 11 de julho de 1924. Você consegue imaginar seu pessoal num descampado fazendo isso? Durante uma semana? Debaixo de chuva?

A realização é uma combinação de movimentos mentais e físicos executados em harmonia sinfônica. Quando mente e corpo não trabalham em uníssono, a execução torna-se desafinada.

— *Jeffrey Gitomer*

Princípio 5:

Sobrevivência e sucesso é uma combinação de saber e fazer.

"Se neste ramo chegarmos a um tempo em que não seja mais necessário coragem, em que não seja mais necessário lutar para vencer obstáculos, saberei que está na hora de baixar as portas, desligar a luz e deixar arderem as chamas para sempre."
John Patterson

*"Você já sabe o que fazer.
O problema é que você não está fazendo."*
Jeffrey Gitomer

"A principal razão porque as pessoas não têm sucesso é que não se expõem às informações existentes", diz Jim Rohn.

E eu somo a isso: "Elas não acreditam o bastante em si próprias (falta de confiança) para ter o sucesso".

Não é tão importante que você queira ter sucesso – é crítico que você saiba por que quer ter sucesso, o que vem impedindo você de ter sucesso até hoje e o sistema de convicção e estratégia que você vai empregar para chegar ao sucesso.

É fácil perder a autoconfiança se aquela que você tem é fraca devido à falta de conhecimento, falta de determinação e falta de amor pelo que faz. É fácil fracassar em seu trabalho se você nunca disse a si próprio (se vendeu) a verdadeira razão pela qual quer o sucesso antes de tudo. Não ganhar dinheiro só pelo dinheiro – mas *a verdadeira razão pela qual quer o dinheiro* e *o que você fará quando ganhá-lo.*

Como você está dando continuidade a seu aprimoramento? Quanto tempo você dedica a sua realização pessoal? (Isso vai ajudar você a chegar a parte "Saber") Você está reservando 15 minutos por dia para aprender coisas novas sobre sua atitude, seu negócio, suas habilidades de venda, seu serviço ao cliente e sua vida? Ou você está em casa enchendo a cabeça com coisas inúteis da TV?

Ou está aproveitando seu tempo ao máximo, *estudando* para fazer de você uma pessoa melhor, um amigo melhor, um marido ou esposa melhor, um pai melhor, um colega de trabalho melhor ou um empresário melhor?

PENSE! Sobre as perguntas da próxima página. Elas podem ser dolorosas, a princípio, mas se você conseguir preencher a lacuna entre como são suas respostas e como deveriam ser, isso lhe proporcionará o caminho para seu sucesso. (A parte "Fazer")

1. Quantos livros você leu no ano passado?

2. Quantos livros sobre atitude positiva ou desenvolvimento pessoal você leu no ano passado?

3. Quantos livros sobre criatividade ou pensamento você leu no ano passado?

4. Quantas horas você perdeu assistindo TV semana passada?

5. Quanto você ganha para assistir TV?

6. Você pode converter ou investir algumas de suas "horas de TV" em horas de leitura?

7. Quantos CDs de desenvolvimento pessoal você ouve no carro?

8. Quantas horas de besteirol você ouve no rádio do carro?

9. Quantas horas de besteirol você poderia converter em conhecimento?

10. Essa conversão valeria a pena?

10,5 Que preço você está pagando por não converter o tempo gasto em tempo investido?

Sobrevivência e sucesso é uma combinação de saber e fazer. O que você SABE? Quanto você SABE? O que você está FAZENDO com seu tempo? O que você está FAZENDO para construir seu sucesso?

As respostas para essas perguntas levarão você para a realidade de onde você está agora e o que precisa FAZER para chegar ao próximo nível de sucesso.

SABER: Por que você quer ter sucesso? Toda vez que você responder essa pergunta, acrescente a pergunta "Por quê?". Após quatro ou cinco seqüência, você terá o verdadeiro porquê.

FAZER: Use os 15 primeiros minutos de cada dia para FAZER algo positivo para você. Essa pequena ação criará uma oportunidade de crescimento a qual você talvez esteja negligenciando.

SOBREVIVÊNCIA: Pense sobre o que você faria se perdesse dois de seus melhores clientes. Faça um plano para prevenir isso antes que se torne uma realidade.

SUCESSO: Encontre-se com pessoas bem-sucedidas uma vez por semana e faça a cada uma delas perguntas que podem ajudar você a ter sucesso. Ao final de um ano, você terá 50 preciosidades.

O que você sabe?
Como você está transformando
esse conhecimento em dinheiro?

Cortesia do Arquivo da Sociedade Histórica de Montgomery

Uma apresentação de Patterson para o clube "I Will", em 1913.

"A melhor maneira de ensinar é através do olho e da mão.
É difícil reter o que ouvimos, mas um homem
lembra o que vê e faz."
John Patterson

"Se você quer construir riqueza, construa
primeiro riqueza de conhecimento."
Jeffrey Gitomer

Princípio 6:

Estudar. A primeira disciplina do saber.

"Alguns jovens pensam que a habilidade de vendas é algo que poderão encontrar pronta para uso quando precisarem."
John Patterson

"A excelência em vendas não se conquista em um único dia, mas sim dia após dia."
Jeffrey Gitomer

A palavra "estudar" é uma designação incorreta. Na verdade, "desenvolvimento pessoal" e "expansão de conhecimento" são expressões apropriadas. Instrução, conscientização, desejo e dedicação para aprender.

A diferença entre ler e estudar é a intensidade, o foco e a disposição de agir com base no que se aprendeu.

Deve-se repetir as mensagens e praticar continuamente para dominar os princípios e os elementos que levarão ao sucesso.

Estudar é definido como a autodisciplina contínua aplicada para atingir a excelência.

O treinamento interno é um dos aspectos mais importantes de uma empresa bem-sucedida. Você nunca para de aprender, então por que você deveria parar de treinar para ser o melhor?

Os melhores atletas treinam constantemente para se aperfeiçoarem em suas modalidades e manter o máximo de desempenho. Os melhores executivos e vendedores devem fazer o mesmo.

VOCÊ ESTÁ GASTANDO OU INVESTINDO SEU TEMPO? Quantas horas por dia você gasta na frente da televisão? Como isso está ajudando em seu sucesso? De que outra maneira você pode investir esse tempo? O que ajudará mais em seu sucesso: assistir 30 minutos de televisão ou dedicar 30 minutos para ler um livro que ajudará a pessoa mais importante do mundo – VOCÊ?

Você está estudando para ser bem-sucedido nos negócios ou você simplesmente pensa que isso vem com o tempo? Uma empresa é algo complexo, especialmente quando está em crescimento. Quanto mais você permanece como um estudante de negócios e de sua empresa, mais estuda seu mercado e seus clientes – maiores são suas chances de entendimento, de criar novas ideias, de se diferenciar da concorrência e alcançar o sucesso.

PENSE! Sobre como você aprende. Quando você estava no ensino médio ou na faculdade, como estudava para as provas? Como estudava as matérias? Fazendo fichas, em grupo, lendo, alguém tomando de você, colando, fazendo anotações?

REALIDADE: Esses hábitos continuam com você.

Negócios e vendas são habilidades aprendidas adquiridas por pessoas com atitude, aptidão, firmeza, desejo, persistência e determinação para alcançar o sucesso.

Todas as suas habilidades de desenvolvimento pessoal devem ser incorporadas a suas habilidades de negócios.

A fórmula é realmente simples: Se você acreditar em seu produto, seu serviço, sua empresa e em você; se você investir em si mesmo, lendo sobre os temas acima que nunca aprendeu na escola e estudar os fundamentos dos negócios, vendas, atitude e serviços em meus outros livros, começará a desenvolver uma autoconfiança com o aprendizado e com ações bem-sucedidas.

AJUDE-SE PRIMEIRO: Se sua empresa não oferece um treinamento adequado, crie um plano próprio. Todas as informações imagináveis de que você precisa para ser bem-sucedido já existem. O problema é que você não está se expondo a elas.

Você tem o desejo de aprender as habilidades necessárias para ter sucesso?

DICA: cinquenta por cento desse desejo vem de amar o que você faz.

A seguir está um *autoteste* e um *plano*:

- **Passo 15 minutos por dia lendo ou ouvindo informações de sucesso?**
- **Sei como o trabalho das outras pessoas em minha empresa afeta meu trabalho e desempenho?**
- **Leio as publicações do setor de minha empresa e as publicações dos setores de nossos cinco melhores clientes?**
- **Frequento feiras de negócios de meu setor?**
- **Sou membro do Toastmasters*?**
- **Onde meu "guia" de treinamento está me levando?**

Veja uma ideia! Leia, estude ou ouça sobre uma técnica de negócios ou de sucesso nova todos os dias e, antes do final do dia, experimente esta técnica ao menos uma vez. Assim você verá a aplicação no mundo real do que imaginou que poderia funcionar.

BÔNUS: Se você praticar uma técnica por dia, no final do ano terá quase 250 técnicas novas e continuará com os fins de semana livres. Em cinco anos você será um especialista de primeira. Talvez *o* especialista.

---

*Toastmasters é uma organização sem fins lucrativos dedicada à melhoria das competências de comunicação, discurso público e liderança por meio de clubes difundidos em nível mundial.

Negócios não são nada além de ensinamentos.

– John Patterson

Invista tempo, não gaste. Treinamento requer tempo. Mas é o melhor investimento para a vida que uma pessoa pode fazer. Invista tempo treinando a si e aos outros.

– Jeffrey Gitomer

Princípio 7:

Sua biblioteca é o seu poço artesiano do saber.

"Seu cérebro é uma coisa admirável; seu cérebro é uma parte de tudo com que você já teve contato. Portanto, mantenha contato com homens notáveis – você pode encontrá-los nos livros."
Do manual Como Fechar uma Venda *da NCR*

"A educação formal lhe dará o ganha-pão, a autoinstrução lhe dará a fortuna."
Jim Rohn

"Você determina a fortuna que quer ganhar com base em quanto decide se autoinstruir."
Jeffrey Gitomer

É difícil ler livros se você não os possui. Uma biblioteca repleta de livros sobre sucesso lhe dá a oportunidade de adquirir a sabedoria dos outros se você empregar esta simples palavra: LER.

Se você quer descobrir o estilo de pensamento de outras pessoas, observe o que elas leem.

O que elas leem usualmente determina como pensam. Se você decidir ler sobre sucesso, terá chances de se tornar alguém bem-sucedido. Sua biblioteca é algo em que você deve se basear para dar continuidade a seu estudo.

John D. Rockefeller não era associado de uma biblioteca. Ele patrocinava a biblioteca. O **Motivo?** Ele comprava os livros e os mantinha em vez de tomá-los emprestado por uma semana.

Os livros não são apenas para ler. São também para referência.

As pessoas frequentemente dizem: "Eu li aquele livro" As Pessoas raramente dizem: "Eu aplico os princípios daquele livro todos os dias". Se o livro for seu, você tem a oportunidade de voltar e consultá-lo para obter mais informações ou esclarecimentos.

PENSE! Sobre leitura. Comece lendo livros sobre coisas que você gosta ou se interessa. Isso criará o hábito e o desejo de saber. O conhecimento vicia, assim como as drogas ou o álcool. Quinze cervejas? Ou quinze livros? Um vai levar você ao banheiro, o outro vai permitir que você seja dono do seu negócio. Dedicar-se a um aprendizado permanente significa ler e ouvir algo para desenvolvimento pessoal no mínimo uma hora por dia. Faz sentido!

Faça uma lista dos livros que você leu que melhoraram seu negócio, suas vendas, sua atitude e sua vida. Depois faça uma lista dos livros que você *deveria* ler e o que está impedindo-o de ler esses livros.

Coleciono livros sobre negócios, vendas, desenvolvimento pessoal e sobre cada aspecto do sucesso. Livros antigos, alguns raros, alguns comuns, todos bons, todos úteis, todos joias do saber.

Treinar não leva você a seu máximo. A educação sim. Treinar ensina a você "como". A educação ensina a você o PORQUÊ.

@TACO: Leia três livros sobre negócios ou atitude positiva imediatamente, um capítulo por vez. Faça anotações sobre ações e ideias nas margens do livro e dobre as páginas ou transfira as informações para seu computador imediatamente. Isso assegurará que seu conhecimento e suas ideias serão postos em prática.

NOTA DE ADVERTÊNCIA SOBRE LIVROS DE ATITUDE: Livros antigos sobre desenvolvimento pessoal (Hill, Marden, Carnegie) são igualmente válidos. Os ignorantes consideram esses livros ultrapassados e não os leem.

Não seja um ignorante!

VEJA O QUE FAÇO: Eu os leio. Devoro. Estudo seus princípios. E os vivencio todos os dias.

DICA DO GIT... Quer a lista dos livros que recomendo? Acesse www.gitomer.com, registre-se se for um usuário novo e digite a palavra BOOK LIST na caixa GitBit.

Princípio 8:

O planejamento evita andar a esmo e proporciona direcionamento.

"Se você planejar seu trabalho, não ficará parado na esquina imaginando para onde deve seguir."
John Patterson

"Objetivos são os guias que direciona você para o sucesso. Mas eles não garantem seu sucesso. Você sim."
Jeffrey Gitomer

As mesmas pessoas que usam guias para viajar frequentemente não recorrem a eles para direcionar seus objetivos e sucesso. Pessoas como você.

Fico surpreso com o número de pessoas que usam ou imprimem mapas do *Google maps* para ir de um lugar a outro. Fazem isso o tempo todo. Mas elas (não você, é claro) *nunca* mapeiam e imprimem seus objetivos antes de agir para atingi-los.

Um plano de ataque sólido para desenvolvimento pessoal (um mapa), conhecimento mais específico sobre um produto, e ideias novas e brilhantes de penetração no mercado e engajamento do cliente proporcionarão um resultado mais rápido e bem-sucedido.

Existe um velho ditado que diz: "Se Moisés tivesse um mapa, não teria vagado por 40 anos".

Todo mundo define objetivos.

Algumas pessoas definem sozinhas – outras têm alguém que os define (metas de vendas, planos de vendas, quotas de vendas). Algumas pessoas fazem planos estratégicos elaborados para atingir objetivos, outras os escrevem em suas agendas, outras ainda recortam em revistas figuras de coisas que gostariam de ter (casas, carros, iate, férias).

Eu? Eu colo meus objetivos no espelho do banheiro. Bem à vista.

ANOTE E COLE SEU CAMINHO PARA A VERDADEIRA REALIZAÇÃO:
Desenvolvi o melhor e mais fácil método para atingir objetivos. Arrume um bloco de notas adesivas tipo *post-it*. Escreva uma dúzia de objetivos, grandes e pequenos. Depois cole cada nota no espelho do banheiro.

Ao olhar para eles toda manhã e toda noite, você começará a agir. Um pouco por dia até que seu objetivo seja atingido.

Quando um objetivo for atingido, tire a nota do espelho do banheiro e cole no espelho do quarto. Todo dia, quando você se vestir, poderá ver (e reviver) seu sucesso!

Muitos conferencistas e palestrantes motivacionais desatualizados alegam: "Menos de 4 por cento das pessoas definem objetivos".

Bobagem. Todo mundo tem um objetivo ou muitos. Se você está procurando uma categoria que se encaixa nos 4 por cento, são as pessoas que de fato *atingem* os objetivos que definem.

Já definiu um objetivo que não conseguiu atingir?
Já largou um objetivo pelo meio?
Já mudou de ideia sobre um objetivo?
Claro que já. Todo mundo já fez isso.
Quer saber por quê?

Aqui entra Ali Edwards. E meu maior AHA! pessoal do ano. Ela tem a resposta.

Em seu blog, *www.eliedwards.typepad.com*, Ali compartilha seus pensamentos e o que aprendeu com os outros, quando pergunta a seus leitores (entre eles e eu), "Quais são suas intenções?" é um UAU!, um AHA! e um DEMAIS! ao mesmo tempo.

Objetivos e intenções estão ligados. As intenções na realidade precedem a definição de objetivos. Se você não tem a intenção, provavelmente não atingirá o objetivo que definiu. Que conceito mais simples e poderoso! E que verdade!

Ali simplesmente pergunta: *Quais são suas intenções? O que você pretende fazer?* E o resto das ações a atingir se seguem. Objetivos ou intenções – quais são mais poderosos?

Você pode ter um objetivo ou pode ter recebido um objetivo a cumprir, mas suas intenções é que irão ditar o resultado do esforço (ou da falta dele). Qual é sua intenção?

Pense sobre estas perguntas:

O que você quer fazer?

O que você precisa fazer?

O que você tem de fazer?

O que você ama fazer?

Quanto você ama o que faz?

Você não gosta do que faz?

Agora talvez você possa responder melhor a esta pergunta:

Qual é sua INTENÇÃO?

Suas intenções são pensamentos por trás de suas ações. Intenções são justificativas por trás de suas palavras e ações. Se sua intenção é manipular, suas palavras e ações corresponderão a isso. Se suas intenções são honestas, suas palavras e ações corresponderão. Se sua intenção é atingir seus objetivos ou um objetivo específico, suas palavras e ações também corresponderão.

Acredito que amor e intenções estão mais passionalmente conectados do que medo e intenções. Existe um antigo ditado que diz: "O inferno está repleto de pessoas com boas intenções". Pergunto-me o quanto isso é verdadeiro. Pessoalmente, acredito no oposto.

Existem tipos de intenções. As mais fáceis de definir são as "boas" e as "más". Ter a intenção de fazer a coisa certa, ou ter a intenção de fazer a coisa errada. Às vezes, sua intenção de fazer a coisa errada é justificada pela forma como você se sente. Você acredita que alguém "merece" o que está prestes a fazer. Eu acredito que esta é a intenção "inferno".

Quaisquer que sejam suas intenções, elas formam a base de suas ações, os alicerces para atingir seus objetivos, a manifestação de seus desejos e, por fim, a realização de seus desejos.

Talvez você precise escrever suas intenções ANTES de escrever seus objetivos. Comece cada frase com, "Minha intenção é..." ou até mesmo um pouco audacioso, "Até o final da semana, minha intenção é...". Definir um tempo para suas intenções as torna muito mais reais.

Simplificando, o que você pretende fazer é o que você de fato faz. Apesar dos objetivos, tem tudo a ver com suas intenções.

Uma maneira fácil de deixar suas intenções claras é categorizá-las. Organize-as em categorias – depois escreva as palavras que as definem. Use uma única palavra para definir suas categorias e frases para definir suas intenções. Use categorias como pessoal, carreira, trabalho, estudo, leitura, negócios, vida, dinheiro, diversão, viagem e paixão. Entendeu a ideia?

Depois escreva o que você tem intenção de fazer e em quanto tempo. "Minha intenção é fazer isso em ... tempo". Pequenos espaços de tempo são melhores – este ano – este mês – esta semana – hoje – agora. O que você tem intenção de fazer?

PENSE! sobre sua missão. Uma declaração de missão pessoal é a combinação de sua afirmação, filosofia e propósito. É uma oportunidade de focar a atenção em seus objetivos e transferir seus ideais para o mundo real.

É uma chance para escrever seu próprio legado. É um desafio pessoal para si próprio. Parece algo pesado, mas na realidade é divertido se você fizer direito.

Você anota seus objetivos? Quantos você atingiu no mês ou no ano passado? O que ajudaria você a atingir seus objetivos nos próximos 30 dias? Seis meses? Ou um ano? Não deixe seus objetivos caírem no esquecimento (como as resoluções de Ano Novo).

Direcione-se. Todo dia, crie um objetivo que você deve atingir, mesmo que precise se desdobrar para isso. Uma única coisa que ao final de cada dia faça você dizer "Consegui!". Depois de um mês, será fácil acrescentar uma coisa a mais. Ao final de um ano, você estará fazendo dez coisas por dia e concluindo todas.

DICA DO GIT... Se você quer conhecer a opinião de Ali Edward sobre intenções, seu ensaio e seu scrapbook sobre o assunto publicado originalmente na revista *Creating Keepsakes*, acesse www.gitomer.com, registre-se se for um usuário novo e digite a palavra ALI na caixa GibBit.

Para cada coisa que Patterson fazia, devia existir um objetivo. Uma meta. Tudo o que fazia era um passo em direção a algo maior, a mais, o melhor! Portanto, seu princípio mais importante era: "Bom o suficiente é o inimigo do progresso".

– Jeffrey Gitomer

Use o "gerenciamento de tempo já"

"Nada nos negócios é tão valioso quanto o tempo."
John Patterson

"A pessoa bem-sucedida aproveita o tempo o tempo todo; a pessoa mal-sucedida lamenta a falta deste."
Jeffrey Gitomer

Todas as pessoas têm a mesma quantidade de tempo.

Um investimento sábio em tempo é o melhor investimento não-monetário que você pode fazer. O gerenciamento do tempo é intuitivo para alguns, mas também pode ser um processo aprendido.

O princípio básico do gerenciamento do tempo é "fazer o que é importante primeiro".

Patterson tinha uma tabela de "coisas a fazer hoje" pendurada na parede de seu escritório. Era muito grande, então não havia jeito de evitá-la. Patterson queria ter certeza de que todas as tarefas, grandes ou pequenas, fossem concluídas no espaço de tempo definido. Quando eram concluídas, ele sabia que teve um dia produtivo. Ele acreditava nesta estratégia de gerenciamento do tempo para vendedores e executivos da NCR.

Gerenciamento de tempo não é algo complicado – a não ser que você faça um curso sobre isso. Então você precisa ter um pouco de inteligência para decidir que pedaço de papel vai receber qual anotação em que categoria e com que prioridade.

Crie notas adesivas com as tarefas do dia. Ao final do dia verifique quais você concluiu. Se deixou de fazer alguma, não teve um dia produtivo.

> O gerenciamento do tempo é instintivo.
> Você já sabe o que fazer.
> Seu problema é não fazer.

PENSE! sobre gerenciamento do tempo. Se você atribuir uma prioridade a seus projetos, "Projetos A", "Projetos B", "Projetos C", nunca comece um projeto B antes de terminar todos os As.

As pessoas cometem o erro de tirar coisas menores do caminho antes de lidar com coisas maiores. Tire as coisas maiores do caminho primeiro e as coisas menores desaparecerão.

PERGUNTA: Por que as pessoas não conseguem fazer as coisas?

RESPOSTA: Elas não sabem a diferença entre urgência e importância.

As pessoas dizem que "não têm tempo". Isso é bobagem – todos têm a mesma quantidade de tempo, depende apenas de investir ou gastar esse tempo. Se você não está ocupado com sua lista de "Projetos A" ou preparando algo para sua lista de "Projetos A", é bem provável que esteja desperdiçando seu tempo.

O que as pessoas fazem com seu tempo é "apagar incêndios". Elas fazem o que é urgente, mas não o que é importante, e existe uma grande diferença nisso. Quando estão fazendo algo importante, um "Projeto A", e surge algo urgente, isso "rouba" um tempo fundamental. Por isso, acho imperativo se entender a diferença entre *urgência* e *importância*.

Alguém irrompe em sua sala e diz: "Precisamos fazer isso agora!". *Isso é urgente*. Um cliente liga e diz que você enviou o pedido errado para ele ou que o pedido não foi entregue. O pedido está no caminhão perdido em algum lugar. Você não tem o produto para pronta-entrega e ninguém contava com isso. *Isso é urgente*.

As coisas mais urgentes podem ser prevenidas – até mesmo ataques cardíacos.

Coisas *importantes* são aquelas que promovem seu crescimento ou de sua carreira ou seu negócio ou de sua família. Ações que ajudam você a atingir seus objetivos são coisas mais de longo prazo.

Você precisa resolver coisas urgentes? Claro que sim. E você também precisa lidar com as coisas importantes do dia. Por exemplo, no momento estou preparando uma proposta importante para um cliente. Isso resultará num relacionamento de dez anos com ele.

Isso é ao mesmo tempo *urgente* e *importante*, porque está associado a um prazo.

O problema com a maioria das pessoas é que elas não usam seu tempo de maneira equilibrada porque acham que DEVEM lidar sozinhas com tudo que é urgente. Grande erro. E grande utilização errada do tempo.

Não é um problema apenas para você. É um problema para mim também. Eu, assim como você, penso que sou a melhor pessoa para lidar com cada problema. Finalmente, após uma década de embromação, decidi preservar meu tempo.

Tento programar meu tempo de modo a usar plenamente cada hora do dia. Quero escrever aquela proposta na hora em que tenho o benefício do pensamento claro e energizado, em vez de ser forçado a fazer isso em meio às confusões do dia.

Às vezes, saio de onde estou para procurar um lugar solitário. Como exemplo disso, me expulsei de minha própria sala na empresa. Não fiquei nem mesmo com uma mesa. Trabalho no meu escritório em casa por causa da paz e do silêncio que encontro lá.

Minha biblioteca está em casa, e apenas poucas pessoas sabem meu telefone lá. Na empresa, não filtro as ligações. Atendo a ligação de qualquer pessoa do mundo, não importa quem seja. Não quero mudar isso, portanto, para ser coerente, decidi que vou à empresa com menos freqüência. Não quero mentir para alguém dizendo que não estou lá se estou. Isso não é certo.

Descobri um segredo enorme em minha vida. A maioria das pessoas pensa que são noturnas, mas estão enganadas. O que estão dizendo é: "Eu me arruíno à noite e não consigo levantar de manhã".

DICA: Programe seu tempo com espaço para maior clareza.

DIA OU NOITE? Pensei que eu fosse uma pessoa noturna, durante 43 anos. Mas meu rendimento é melhor de manhã, quando estou com a mente limpa. E o seu também.

Tem trabalhado muito à noite? Ou tomado muito vinho? Ou comido demais? Ou ficado acordado até tarde? Ou assistido muita TV?

VEJA O QUE EU FAÇO: Vou para a cama uma hora mais cedo. Acordo uma hora mais cedo. Faço algum tipo de exercício, seja mental ou físico.

Há um detalhe importante: quando for dormir, assegure-se de que está com a mente limpa. Escreva tudo o que precisa fazer, todos os projetos que tem e tudo o que está pensando. Simplesmente anote tudo. Se escrever tudo, estará em ótima forma mental.

Faça uma lista de afazeres para o dia seguinte e uma para o próximo mês. Escreva uma lista de projetos ou uma página de ideias. Tudo o que precisa fazer. Isso vai permitir que você acorde com soluções em vez de acordar pensando em seus problemas.

Aproxime-se de pessoas que conseguem dizer "Sim" ou que podem ajudar você. Esta é a única maior prioridade: o uso mais produtivo de seu tempo. O tempo que você passa com as pessoas certas é diretamente proporcional ao número de sucessos que terá em sua vida.

O gerenciamento do tempo não é o processo. Investimento de tempo é uma maneira melhor de ver isso. Como você vai investir seu tempo hoje e qual é o retorno sobre seu investimento?

Jeffrey Gitomer

Os próximos 10 princípios são sobre vendas em relação ao sucesso nos negócios.

Eles vão desafiar você a pensar sobre vendas e vender como uma função-chave-para-o-sucesso, e como os elementos da venda influenciam cada aspecto dos negócios.

Recebo milhares de e-mails de pessoas que leem meus livros de vendas que começam com: "Não trabalho de fato com vendas, mas adoro seu livro porque tem relação com meu trabalho e com minha vida, não apenas com vendas.

Se você não trabalha "exatamente com vendas," os 10 princípios a seguir são tão importantes quanto o resto do livro.

Leia, desfrute, aprenda e lucre com eles.

Princípio 10:

Prospecte prováveis compradores para fazer seu negócio crescer organicamente.

"Assuma que todo mundo pode comprar, em vez de determinar sem uma entrevista que algumas pessoas não comprarão."
John Patterson

"Aproxime-se das pessoas que podem dizer sim a você."
Jeffrey Gitomer

Toda empresa quer mais clientes.

O DESAFIO É: Onde eles estão E eles estão prontos para comprar quando expostos a sua mensagem ou a seu anúncio? As empresas gastam rios de dinheiro para apresentar seu negócio, produto ou mensagem para clientes potenciais. Prospectar clientes é igual a prospectar ouro. No passado, os exploradores buscavam minas de ouro. O que ficou conhecido como a "febre do ouro". Pagavam qualquer coisa por um mapa que os levasse ao ouro. Muitos pagaram com a própria vida.

Hoje, prospectar novos clientes e prováveis compradores não é tão perigoso, mas é igualmente recompensador. E *como* prospectar é tão importante quanto *onde* prospectar. Ou, dito de maneira melhor: a *prospecção apropriada previne a pobreza.*

Prospectar foi e continua sendo uma parte importante de se fechar vendas e fazer os negócios crescerem. Os vendedores da NCR recebiam um determinado território e esperava-se que fechassem vendas com todas as empresas daquele território. Ao chegar a uma cidade, o vendedor devia fazer uma visita a cada empresa e conversar com o comerciante.

No entanto, prospectar era muito mais difícil na década de 1900 devido à ausência de tecnologia. Os vendedores não podiam fazer uma pesquisa prévia da empresa que queriam visitar. Não podiam pesquisar na internet, nem mandar um e-mail para alguém da empresa. Tinham de falar com os proprietários das lojas próximas ou com outras pessoas da cidade que talvez conhecessem o provável comprador que queriam visitar.

À medida que a NCR crescia, a prospecção ficou mais fácil para os vendedores por causa do número de indicações. Procurando um provável comprador novo? Quem não está? Você certamente tem centenas deles aos quais não está dando atenção. Assim como a seus clientes atuais!

Seus clientes atuais já conhecem você e gostam de você; você já estabeleceu afinidade e confiança; você sabe que eles têm bom crédito porque lhe pagaram direito no passado e sabe que vão retornar sua ligação.

Não acho que você deve querer muito mais que isso.

Seus melhores prospectos NOVOS são os clientes atuais. Eles comprarão mais e, *se o relacionamento perdurar*, indicarão você para os outros.

PENSE! sobre como você é diferente. O que distingue você das empresas que oferecem os mesmos produtos ou serviços que você?

A melhor maneira de começar este processo de descoberta é perguntar a seus clientes atuais por que escolheram você em vez dos outros. Isso o ajudará significativamente quando tentar obter novos clientes. Saber as razões por que os outros fizeram negócio com você lhe proporciona confiança e diálogo no contato com alguém novo.

A seguir estão suas afirmações pessoais para atrair novos clientes e prováveis compradores:

Trabalho duro. "Trabalhe apenas metade do dia. Não faz diferença qual metade, as primeiras 12 horas ou as últimas 12 horas," disse Kemmons Wilson, fundador da rede Holiday Inn.

Ofereço valor. Proporcione algo de valor que traga benefícios ao provável comprador que os concorrentes não possam equiparar.

Sou proativo. Procure sempre superar as expectativas de seus clientes em todos os contatos que fizer com ele. Os clientes querem que você vá direto ao que interessa e querem que você chegue lá rápido.

Sou franco. Construa uma reputação de pessoa honesta. Diga a verdade e não terá que se preocupar se o que disse vai voltar em seu encalço.

Construo boa reputação. Faça as coisas certas consistentemente e construirá uma reputação que lhe abrirá portas. Sua reputação tornará mais fácil continuar a trabalhar com seus clientes existentes e a prospectar novos clientes. Se você tem má reputação, desejo-lhe boa sorte para se livrar dela!

Ouço para entender. Se você não ficar tão ocupado falando sem parar, seus clientes na maioria das vezes dirão exatamente o que querem e o que você precisa fazer para "fechar o negócio".

Fico cara a cara com meus clientes. E mantenho-me cara a cara com meus clientes – toda semana. Meu meio é minha coluna semanal nos jornais dos Estados Unidos e minha e-zine semanal. Minha e-zine é repleta de valor e de informações. E proporciona ao leitor uma oportunidade de adquirir uma variedade de ofertas como livros, CDs, treinamento on-line ou ingressos para eventos públicos. Tudo é apresentado de maneira discreta. E o valor de minhas informações de vendas é a oferta mais proeminente.

Qualquer que seja sua posição na empresa, mantenha sua lista de clientes chave em cima da mesa. Se já faz algum tempo que você não conversa com eles, pegue o telefone antes que a concorrência o faça.

Sou persistente. Diga o que vai fazer e faça o que disse que ia fazer. A persistência desenvolve reputação. Assim como abandonar o jogo.

@TACO: Contate 10 clientes por dia. Pergunte a eles por que continuam a fazer negócios com você. Anote. Peça uma indicação e ofereça um novo negócio. Deixe o livro um pouco e ligue para um cliente AGORA!

Princípio 11:

Aumente os contatos de negócios para aumentar as vendas.

"Um bom plano é reunir seus agentes... e fazer com que cada um explique para você os métodos de vendas e os argumentos que utiliza... uma convenção deste tipo vai colocar dinheiro em seu bolso."
John Patterson

"A rede de contatos impulsiona o sucesso dos negócios e da carreira."

Jeffrey Gitomer
Extraído do Livro Negro do Networking

Para que você incremente seus negócios não é apenas necessário criar uma rede de contatos e contatar, é imprescindível!

Patterson foi um proponente da interação entre homens de negócios.

Feiras de negócios, convenções, reuniões de negócios, seminários e todo tipo de reunião de negócios. Ele conseguia fazer vendas em qualquer ambiente social. De banquetes a jogos esportivos. De piqueniques a eventos governamentais reservados.

John Patterson entendia que negócios não eram concluídos numa simples visita de vendas ou num escritório e que, geralmente, seus melhores contratos eram fechados fora do ambiente de negócios ou do horário comercial.

Da mesma forma que hoje.

A seguir estão as 5,5 regras básicas do relacionamento baseado em redes de contatos extraídas de meu Livro Negro do Networking:

1. **Vá aonde seus melhores clientes, prováveis compradores e prospectos vão.**

2. **Ofereça valor primeiro. Seja conhecido como uma fonte.**

3. **Aprofunde-se. Mostre compromisso ou não vai funcionar.**

4. **Seja consistente. Uma vez que esteja envolvido, busque uma posição de liderança.**

5. **Procure conhecer as pessoas de maneira amigável.**

5.5 **Vá com calma. Relacionamentos não são construídos de um dia para o outro. São construídos com valor, dia após dia.**

As pessoas tendem a fazer negócios com pessoas em que confiam. Seja sincero com o cliente, seja você mesmo, e com o tempo você ganhará o negócio e muito mais deles.

@TACO: Liste cinco lugares aonde seus melhores clientes ou prováveis compradores vão. Vá a esses lugares. Tome café, almoce, jante, divirta-se com seu provável comprador e você construirá uma plataforma básica sobre a qual eles *desejarão* fazer negócios com VOCÊ.

Princípio 12:

Criar demanda converte a venda em compra.

*"Se o prospect entendeu a proposta,
não será preciso vender
para ele, ele virá comprar."*
John Patterson

*"As pessoas não gostam que vendam para elas,
mas adoram comprar."*
Jeffrey Gitomer

PERGUNTA: Quantas pessoas ligam para você e pedem proativamente para comprar seu produto ou serviço? Resposta: Quase nenhuma.

PERGUNTA MAIS PROFUNDA: O que você está fazendo para criar esta demanda? Resposta: Quase nada.

O objetivo de John Patterson não era vender caixas registradoras. Em vez disso, ele criou a demanda por uma nota de venda. Ele estimulava as pessoas em todos os momentos possíveis, em toda sua literatura, em toda sua publicidade, a pedir "uma nota". Esta mensagem alcançou comerciantes sem caixas registradoras e estimulou um modo de pensar que produziu o desejo de adquirir suas máquinas.

O desejo leva à demanda.

Peça Uma Nota

Isso Registra o Valor de sua Compra

Atenção! Isto Deve Ser REGISTRADO Antes que Elas Sejam Embaladas:

O Valor das Mercadorias

O Nome da Empresa (nota personalizada)

O Valor da Compra

No topo de cada registradora, Patterson colocava uma mensagem de marketing: Primeiro: "Peça uma Nota", Depois: verifique o "Valor da Compra", para que as pessoas pudessem confirmar o total na nota com o montante exibido na registradora.

Todo cliente que passava por uma caixa registradora NCR via uma mensagem de marketing. Quanto mais as pessoas viam a mensagem, mais o negócio de Patterson crescia.

PERGUNTA MAIS PROFUNDA AINDA: Que mensagem você está mandando toda vez que um cliente compra de você?

Para que seu negócio cresça, você deve:

1. **Criar o desejo ou a vontade.**
2. **Criar a necessidade ou a demanda.**
3. **Provar a necessidade. Atender a demanda.**

Não se limite apenas a vender o produto.

Faça uma lista de cinco valores (não de benefícios ou características) que um cliente recebe ao fazer negócios com você. Se você não conseguir, a melhor maneira de criar uma lista 100% precisa é perguntar a seus cinco melhores clientes.

PENSE! Sobre por que você compra coisas para si. É uma NECESSIDADE ou um DESEJO? Patterson foi o primeiro a entender que comprar era um processo emocional. Você deve criar um equilíbrio entre a emoção que desencadeia o desejo e a lógica que justifica a compra.

A demanda vem do desejo. O desejo vem do valor ou do ganho percebido.

Você já viu isso na época do Natal. Aquela loucura pelo brinquedo da moda. O consumidor sempre quer mais (e mais rápido). Isso é demanda. Se você conseguisse fazer o mesmo por seu negócio, sua vida seria muito mais fácil.

@TACO: Reúna seu pessoal e seus consultores para uma sessão de brainstorming* ou de geração de ideias. Comece a criar razões por que as pessoas demandariam mais de seu produto ou serviço. Quando você tiver 10 ou mais razões para uma demanda maior do que você vende, chame 10 de seus clientes. Alimente-os bem, honre-os. E peça que participem do mesmo diálogo.

Não revele a lista inicial resultante do *brainstorming* até que os clientes compartilhem suas ideias. Então, compare as listas e inicie um diálogo que irá não só criar novas ideias como também novos negócios.

*O *Brainstorming*, mais que uma técnica de dinâmica de grupo, é uma atividade desenvolvida para explorar a potencialidade criativa do indivíduo, colocando-a a serviço de seus objetivos.

Princípio 13:

Uma demonstração preparada significa personalizada.

"Não saia atirando enquanto não tiver a munição pronta."
John Patterson

"Um vendedor que se atrapalha, inventa pretextos e vive se desculpando cria confiança zero."
Jeffrey Gitomer

Todo cliente que compra seu produto ou utiliza seus serviços quer sentir que eles atendem exatamente a suas necessidades e desejos. Como empresário ou vendedor, seu trabalho é criar uma mensagem sob medida para que atenda ao desejo ou necessidade do cliente.

Em essência, parece simples. Mas a maioria dos vendedores está apenas parcialmente preparada para fazer uma apresentação ou uma demonstração de vendas. Sabem muita coisa sobre seu produto, mas não o suficiente sobre como o cliente potencial lucraria ou produziria usando tais produtos ou se lucra o bastante para comprar, sem hesitar, qualquer produto que você esteja vendendo.

Isso não é causado por falta de preparação, mas por falta de preparação *adequada*.

Se você quer fazer uma excelente apresentação, ela deve ser personalizada – ou seja, ser elaborada em termos das necessidades do cliente, não em termos do que você oferece – e deve ser diferente e melhor do que a da concorrência.

Se sua apresentação for percebida como relativamente igual à da concorrência, então tudo o que importa será seu preço. Se sua apresentação combina personalização com diferenciação, você pode ganhar a venda com base em valor.

Você pode se diferenciar assegurando-se de que faz perguntas e afirmações que seus concorrentes não fazem. Diferenciação é fazer os clientes sentirem que vencem quando compram. Diferenciação é adicionar criatividade a sua apresentação. Diferenciação é ser amigável. Diferenciação é ter certeza de que o cliente entende como será o desempenho de seu produto ou serviço depois que ele o adquirir.

A combinação entre personalização e diferenciação é uma fórmula que leva às vendas. Muitas vendas.

NOTA: O fracasso não vem da falta de vendas; o fracasso vem da falta de preparação.

O resultado está predeterminado, se você preparar-se.

PENSE SOBRE ISTO: Não vale a pena investir nos dez minutos necessários para facilitar a venda? Como dizem os escoteiros: "Se você não estiver pronto e ensaiado, não ganhará o distintivo de mérito".

Você está bem preparado para sua apresentação?

Princípio 14:

Atraia interesse com informações sobre o cliente.

(Não sobre sua empresa, seu produto ou você.)

"Sempre deixe o comerciante num estado de espírito tal que o faça se sentir feliz em receber sua visita de novo."
John Patterson

"Conhecer o produto é inútil enquanto você não sabe como seu produto é usado para beneficiar e gerar lucro para o cliente."
Jeffrey Gitomer

Para atrair o interesse de um provável comprador, a empresa deve apresentar mensagens atraentes e o vendedor deve ser igualmente interessante.

A melhor maneira de ganhar o interesse do cliente potencial é compartilhar métodos e estratégias de lucratividade e produtividade, compartilhar histórias sobre o sucesso de outros clientes e deixar os detalhes entediantes (desinteressantes) para depois.

Como a caixa registradora era algo que nem todo mundo a princípio achava necessário, os vendedores da NCR precisavam encontrar uma maneira de ganhar a atenção do comerciante antes de tentar promover a venda. Patterson acreditava nos cinco passos a seguir para fazer o comerciante se interessar.

Os Cinco Passos para Interessar o Comerciante (extraído do The Primer):

1. Use maneiras indiretas de interessar o comerciante.

2. Visite o comerciante.

3. Obtenha as informações necessárias e estude os sistemas da loja.

4. Faça o comerciante perceber os pontos fracos do sistema atual.

5. Agende uma visita definitiva.

AVANCE CEM ANOS: Segundo minha experiência, se um cliente quer saber sobre meu produto, ele perguntará. Você tem a responsabilidade de reunir informações sobre o cliente potencial para que sua mensagem tenha sentido.

Se você tiver interesse neles, eles terão interesse em você.

Quanto tempo o cliente potencial fala quando vocês se encontram? A resposta é na PRO-PORÇÃO DIRETA da concretização da venda. Se o cliente fala 20% do tempo, você tem 20% de chance de fazer a venda.

DICA IMPORTANTE: O provável comprador está mais interessado no benefício que *ele* terá em comprar seu produto ou serviço.

Use o método "Você" não o método "Eu". Fale sobre os interesses de seu provável comprador em vez de falar sobre seus próprios interesses, se quiser manter a atenção dele.

Quanto mais você souber sobre eles, mais fácil será fazê-los comprar. Se você mostrar seu conhecimento sobre o cliente e como ele lucra com o uso de seu produto – não como economiza, mas sim como lucra – maior será a probabilidade de comprarem de você.

@TACO: Filme-se fazendo uma apresentação de vendas. Quantos "nós-nós" você está usando? Você está entediando seu provável comprador com conversa fiada sobre sua empresa? Se alguém estivesse fazendo essa apresentação para VOCÊ, quanto tempo levaria para você cair no sono? Agora conte o número de vezes que você aborda especificamente as necessidades e preocupações do cliente potencial. Tome nota e crie coragem – e mude sua apresentação.

Se você chegar com informações sobre si mesmo,
eles o considerarão um vendedor.

Se você chegar com ideias e respostas,
eles o considerarão um recurso.

Qual desses é você?

— *Jeffrey Gitomer*

Princípio 15:

Perguntas levam a respostas. Respostas levam a harmonia. Respostas levam a produtividade. Respostas levam a clientes.

"Perguntas... podem dar início a uma sequência de pensamentos que levará a bons resultados."
John Patterson

"Perguntas são a alma do processo de pensamento e do processo de envolvimento."
Jeffrey Gitomer

Em 1888, Sherlock Holmes disse: "É um crime capital teorizar antes de se ter dados". Isso na verdade foi dito por Sir Arthur Conan Doyle por meio de seu famoso personagem, o detetive Sherlock Holmes.

Perguntas geram diálogo entre duas pessoas que buscam entrar em acordo ou atingir um objetivo. As perguntas podem criar mais harmonia do que afirmações ou instruções.

Praticamente todas as discussões podem ser evitadas se você fizer uma pergunta de esclarecimento ou sobre experiência ANTES de fazer uma declaração (opinativa) definitiva.

Nos negócios, isso é especialmente valioso porque a maioria das pessoas, não importa em qual função, buscam respostas para ajudá-las a fazer seu trabalho melhor. Como líder ou mesmo como colaborador, você deve saber o que seus colegas estão pensando e fazendo antes de surgir com uma afirmação.

As perguntas certas (não as acusatórias) levarão você à informação e ao acordo.

Em vendas, preparar as perguntas apropriadas também levará a respostas que farão o cliente potencial se convencer de que está tomando a decisão certa ao comprar seu produto. As perguntas apropriadas também levarão a respostas que envolvem e ganham o respeito dos outros, e a um lucro potencial com a provável compra.

Quer fazer os outros pensarem?
Tudo o que precisa é fazer as perguntas certas.

Quer fazer os outros agirem?
Tudo o que precisa é fazer as perguntas certas.

Quer fazer os outros responderem?
Tudo o que precisa é fazer as perguntas certas.

Quer fazer os outros comprarem?
Tudo o que precisa é fazer as perguntas certas.

O segredo de perguntar é fazer a pessoa dizer (ou pensar): "Nunca me perguntaram isso antes".

As perguntas que os vendedores da NCR eram ensinados a fazer desafiavam seus prováveis compradores a pensarem sobre suas empresas e o sistema financeiro que utilizavam no momento para proteger o dinheiro recebido.

Perguntas como: "Você sabe exatamente quanto dinheiro entrou no último dia útil?", "Você sabe exatamente quanto dinheiro saiu no último dia útil?", "Você sabe se seus funcionários estão 100% certos quando abrem a caixa registradora para coletar e receber o dinheiro?".

Estas perguntas criaram o valor percebido e a demanda pela caixa registradora e mostraram ao cliente o valor em possuir uma – sem jamais mencionar o produto.

Patterson viu que no processo de construir um negócio e vender suas caixas registradoras, as perguntas ajudavam a criar demanda, permitiam ao cliente potencial enxergar valor no produto, proporcionavam ao vendedor informações valiosas sobre o negócio e as necessidades do provável comprador e o ajudavam a fechar a venda. Alguma pergunta?

O que as perguntas apropriadas podem fazer por você? Você domina as habilidades de questionamento?

Faça uma lista das 25 melhores perguntas.
As perguntas mais poderosas que conseguir criar. Estude, use, refine essas perguntas e sempre as tenha à mão.

A seguir estão 7,5 estratégias bem-sucedidas de preparação para questionamento:

1. **Faça perguntas ao provável comprador que o estimule a avaliar as novas informações.**
2. **Faça perguntas que qualifiquem necessidades.**
3. **Faça perguntas sobre a melhora na produtividade, nos lucros ou economias.**
4. **Faça perguntas sobre os objetivos empresariais ou pessoais.**
5. **Faça perguntas que distingam você dos concorrentes – não que comparem você a eles.**
6. **Faça perguntas que estimulem o cliente ou provável comprador a pensar antes de dar uma resposta.**
7. **Faça perguntas que criem uma atmosfera de COMPRA – não de venda.**

7.5 **Uma estratégia crítica para o sucesso: Para aprimorar suas habilidades de ouvinte, anote as respostas. Demonstre seu interesse, preserve os dados para acompanhamento, mantenha as informações corretas e faça o cliente se sentir importante.**

@TACO: Faça as perguntas erradas, obtenha as respostas erradas. Este é o maior dos desafios – ouvir de um cliente potencial: "Nunca me perguntaram isso antes".

Princípio 16:

Ouvir leva a entender.

"Não fale só por falar. Ouça para poder entender."
John Patterson

"Saber ouvir é um dos aspectos mais importantes do processo de comunicação, entretanto, normalmente é o elemento mais fraco no leque de habilidades de uma pessoa de negócios – especialmente de um profissional de vendas."
Jeffrey Gitomer

Existem duas maneiras básicas de se ouvir: ouvir com o intento de responder e ouvir com o intento de entender.

Ouvir com o intento de responder leva à interrupção. Este princípio foca na ciência de usar ambos os tipos na seguinte ordem: entender PRIMEIRO e responder DEPOIS.

Eis uma lição de duas palavras sobre ouvir – é a melhor maneira de se ter certeza que suas habilidades de ouvir estão tão boas quanto suas habilidades de vender – e essas palavras não são: "Cala boca!". As duas palavras são: tome notas.

Tomar notas torna ouvir uma certeza e permite que seus colegas e clientes saibam que as palavras que dizem são valiosas o bastante para serem anotadas.

Você é um falador ou um ouvinte? Aprenda a ser tão bom em calar a boca e tomar notas quanto é em falar.

 Quando você sai de uma reunião, o que você lembra dela é diferente do que a pessoa sentada ao seu lado lembra? Talvez seja porque você estava distraído – mas provavelmente porque não tomou notas.

Já se pegou formulando as próximas palavras que sairão de sua boca em vez de ouvir a pessoa até que ela termine de falar?

Claro que já – é da natureza humana. Não faça isso.

A seguir está um método para uma comunicação positiva, sem erros:

1. Ouça sem distrações.
2. Concentre-se no contato visual com o comunicador.
3. Anote o que foi comunicado.
4. Repita o que foi dito ou faça perguntas.
5. Obtenha a confirmação de que você entendeu.
5.5 Cumpra o que prometeu.

 **@TACO: Aprenda como ser um ouvinte melhor fazendo uma pergunta depois que o cliente terminar de falar.** Se você fizer alguma afirmação, é possível que esteja interrompendo. Mas com uma pergunta, é preciso esperar *praticamente* até que a pessoa pare de falar.

Princípio 17:

Menos tempo-de-discurso-de-venda leva a mais tempo-de-compra.

**"Não fale o tempo todo.
Dê uma chance ao comerciante."**
John Patterson

"Se você ouvir melhor, venderá mais."
Jeffrey Gitomer

O ponteiro da balança entre você falar e deixar a outra pessoa falar deve pender significativamente para a outra pessoa. A maioria dos vendedores comete o erro fatal de vender quando, na verdade, quanto mais o provável comprador falar, mais ele venderá para si próprio o produto ou serviço.

A responsabilidade do vendedor é criar meios de deixar o provável comprador ter mais tempo para falar.

Isso se consegue fazendo perguntas poderosas e ouvindo. Quanto mais poderosa a pergunta mais o "provável comprador" se transforma num "cliente lucrativo".

Os vendedores pensam que precisam "vender" para fazer a venda, e nada pode estar mais distante da verdade do que isso. Se você deixar o cliente falar bastante tempo, ele perceberá propósito e valor em dizer sim. Ele venderá a si próprio.

Perguntar e ouvir andam de mãos dadas. A única pessoa que sai perdendo se não souber ouvir é você! Como você está ouvindo? Você sabe como e quando ficar calado? Você pode aprender muito com seus clientes se der a eles a oportunidade de falar!

Procure estes dois sintomas do mau ouvinte:

- **Uma pessoa que parece ter todas as respostas geralmente não está ouvindo.**

- **Uma pessoa que interrompe não está ouvindo (ou no mínimo não é um bom ouvinte).**

@TACO Faça a cada cliente uma pergunta de duas partes que, quando respondida, seja uma razão para comprar. Primeiro pergunte qual foi a experiência deles. Deixe que falem. Em seguida, pergunte por que estão comprando agora e o que esperam ganhar como resultado da compra. Deixe que falem mais.

Esse exercício dará ao cliente potencial o máximo de tempo de fala – e a você o máximo de entendimento da situação dele.

PRINCÍPIO 18:

Sua mensagem deve ser tão atraente quanto seu produto para envolver qualquer pessoa – especialmente seu cliente.

"Você atrai o interesse das pessoas primeiro, pelo que está falando e segundo, pela maneira como está falando."
Manual de vendas da NCR

"O segredo da comunicação não é simplesmente envolvimento, é envolvimento INTELIGENTE, EMOCIONAL e AMIGÁVEL."
Jeffrey Gitomer

A chave para qualquer comunicação está no quanto você consegue envolver a outra pessoa ou o seu público.

Sua preparação, as perguntas que faz, as ideias que traz, suas habilidades de comunicação e apresentação, sua atitude positiva e entusiasmo são as chaves para um envolvimento positivo.

Diz o velho ditado: "Não é o que você fala – é como você fala". Errado. Nos negócios são ambos. Fazer uma excelente apresentação é um casamento entre *o que se fala* e *como se fala*.

A lista abaixo se concentra em *como se fala*. Se você faz a melhor apresentação do mundo sem entusiasmo, sinceridade ou convicção – sai perdendo.

No início de uma apresentação, existem 5,5 elementos que determinam se uma venda será feita ou não:

1. **Empatia.** Colocar-se no lugar do cliente. Achar algo em comum.

2. **Necessidade.** Determinar o que o provável comprador considera como fatores que influenciarão sua motivação em ouvir e entender com a intenção de comprar.

3. **Importância.** O peso que um provável comprador atribui a um produto, característica, benefício, preço ou período de tempo.

4. **Confiança.** Sua capacidade para ganhar credibilidade. Sua capacidade para eliminar todas as dúvidas. Sua capacidade em assegurar o conforto de que o risco da compra será menor do que a recompensa da propriedade.

5. **Valor transferido.** Sua capacidade em fazer o provável comprador perceber que ele ganha o máximo de valor comprando seu produto ou serviço E que você é a pessoa mais valiosa de quem comprar.

5.5 **Entusiasmo.** A convicção, a atitude e a paixão com que você apresenta sua mensagem a torna atraente o bastante para estimular uma ação.

Embora todas as informações desses elementos possam ser adquiridas fazendo-se as perguntas certas, a diferença entre um vendedor bom e um excelente é a maneira como ele apresenta sua mensagem.

O MESMO VALE PARA SEU NEGÓCIO. Sua capacidade de apresentar uma mensagem atraente, convincente, empolgante e voltada para valores é a diferença entre sim e não, entendimento e confusão, aceitação e rejeição e, por fim, aprovação e recusa.

Sua linha de crédito no banco, a entrega de um fornecedor e o estado de ânimo em sua empresa, todos derivam de sua comunicação.

Nas vendas, se você envolve o provável comprador com entusiasmo e valor, cria uma atmosfera de compra. Se o envolvimento se mantiver até o final da reunião, o provável comprador estará ávido para comprar.

Muito se fala sobre as técnicas de venda usadas para compelir ou convencer as pessoas a comprarem. Pouco se fala (ou se escreve) sobre as habilidades de apresentação – a competência fundamental de comunicação, combinada com a aptidao para falar em público criando um discurso de venda harmônico.

Suas habilidades de oratória devem ser usadas ao longo de toda a apresentação, mas devem ser críticas no início pois a impressão inicial define o tom do restante do encontro.

O verdadeiro envolvimento é a parte mais difícil da venda porque o vendedor (você) não está preparado para se envolver.

Talvez você esteja preparado para vender – (falar besteiras sobre você e seu produto) – mas está mal preparado para se envolver (mostrar interesse pelo cliente e por como ele lucra com a compra).

Uma apresentação nunca é igual à outra, ainda que você esteja vendendo o mesmo produto e trabalhando para a mesma empresa.

Fazer uma apresentação é complicado mesmo se você estiver vendendo clipes de papel, e é algo delicado mesmo se estiver vendendo jamantas de 18 eixos. Cada pessoa tem um estilo diferente de vender, *mas* os elementos do conteúdo e do processo numa apresentação devem ser os mesmos. Primeiro você domina os elementos e depois os adapta a seu estilo. É *o que você fala* (os elementos) combinado com *como você fala* (seu estilo).

@TACO: **Substitua a televisão pela preparação para uma visita de vendas.** Desista da TV duas noites por semana e aproveite este tempo para preparar perguntas que envolvam o provável comprador, que reúnam informações valiosas as quais o cliente respeitará e não terá dúvidas, e que criem várias maneiras para pedir pela compra. Prometo que você colocará mais dinheiro no bolso do que se assistir a seu programa favorito.

DICA DO GIT... Quer conhecer as 10,5 maneiras de preparar sua apresentação para ter certeza de que vai ganhar a venda? Acesse www.gitomer.com, registre-se se for um usuário novo e digite a palavra WIN THE SALE, na caixa GitBit.

Princípio 19:

Uma objeção é a porta de entrada para uma venda.

"Uma objeção quase sempre é uma vantagem para o vendedor... de transformar a objeção num motivo real para a compra."
John Patterson

"O processo de venda começa quando o cliente faz uma objeção."
Jeffrey Gitomer

Sempre me referi a objeções de qualquer tipo – vendas, negócios ou na vida – como "barreiras". Acredito que isso ajuda a entender o que ela realmente é. Diminua ou elimine a barreira, e a vitória será sua.

A maior barreira em vendas não é o "dinheiro", como muitas pessoas costumam pensar. A maior barreira em vendas – talvez também nas empresas e na vida – é o "risco", indo além, "o risco não declarado". Real ou virtual, se o risco for muito alto, nenhuma ação positiva será empreendida.

As objeções existem desde os primórdios das vendas. O manual de treinamento *Orientações de Vendas para Vendedores da NCR* preparava todo o pessoal de Patterson com respostas para qualquer objeção que encontrassem pelo caminho. Patterson via as objeções como janelas para mais vendas, e ele estava certo. Se um comerciante fizesse objeção ao preço, qualidade, atendimento ou a qualquer outra coisa, era neste momento que o vendedor deveria qualificar o produto, mostrar seu valor e ao mesmo tempo despertar confiança no comprador.

Os vendedores da NCR estavam preparados para objeções. Você está? Cada vendedor sabia exatamente o que responder para qualquer dúvida que o comerciante tivesse em mente. Talvez seja por isso que a empresa ainda exista, após 120 anos de sua fundação. Quantas vendas você está perdendo porque não está preparado para vencer objeções ou diminuir as barreiras? Resposta: Muitas.

Objeções ou barreiras indicam, na verdade, o interesse e a necessidade de mais esclarecimentos ou mais provas por parte da outra pessoa, e sua obrigação é proporcionar provas, e fazer isso com entusiasmo.

Espere objeções. Espere barreiras. Elas são a indicação de interesse. São a porta de entrada para uma venda.

DICA IMPORTANTE: Se você conseguir transpor uma objeção em sua apresentação antes que alguém a levante, tem grandes chances de fechar a venda.

Barreiras corporativas são iguais a barreiras nas vendas. Estão relacionadas ao risco ou às dúvidas. Surgem dos funcionários, fornecedores, bancos, advogados, do Governo e de todos nesse entremeio. Devem ser respondidas, diminuídas ou eliminadas para que possa haver progresso.

Considere essas objeções como desafios a seu sucesso e a sua paz de espírito. Barreiras pequenas podem ser respondidas, diminuídas ou transpostas no momento em que surgem. Barreiras grandes requerem pensar. Não tenha medo de pedir tempo para responder. Geralmente, a resposta torna-se óbvia quando o calor do momento passa.

A seguir estão 6,5 passos para identificar e transpor uma verdadeira barreira (objeção) de vendas:

1. **Ouça a objeção e decida se é verdadeira.**
2. **Qualifique-a como sendo a única.**
3. **Confirme a objeção de uma maneira diferente.**
4. **Qualifique a objeção para estabelecer o fechamento.**
5. **Dê uma resposta para a objeção que solucione completamente o problema e que confirme a solução.**
6. **Faça uma pergunta de fechamento e comunique ao provável comprador de uma maneira assumida (Estou com a venda à mão).**

6,5 **Confirme a resposta e a venda por escrito.**

@TACO: Liste suas dez maiores barreiras. Crie respostas de uma maneira que você possa *respondê-las* antes que ocorram. Acrescente maneiras para diminuí-las ou respondê-las se ocorrerem após sua apresentação. Você sabe que elas virão, então por que não estar preparado para responder de uma maneira criativa?

DICA DO GIT... Quer conhecer as oito barreiras pessoais causadas por **VOCÊ?** Acesse *www.gitomer.com*, registre-se se for um usuário novo e digite a palavra BARRIER na caixa GitBit.

PRINCÍPIO 20:

Vender não é manipular. Vender é harmonizar.

"O vendedor de sucesso deve aprender a ser tudo
para todas as pessoas."
John Patterson

"Entenda como seu produto é usado
(não apenas o que faz) para que você possa entender
como harmonizar com seu cliente potencial,
vender com mais eficiência e fazer seu negócio crescer."
Jeffrey Gitomer

Certamente, você já ouviu falar sobre os "tipos de pessoas": controlador, amável, criativo e por ai vai. E então lhe ensinaram maneiras de manipular o que você faz ou diz para conseguir se comunicar com esses "tipos de pessoas".

Volte ao livro de Dale Cernegie *Como Fazer Amigos e Influenciar Pessoas* e verá três palavras que expressam harmonia: "Seja você mesmo".

E conforme lê esse livro, note que TUDO o que estou dizendo sobre o processo de vendas se aplica às empresas também. Simplesmente é mais pronunciado nas vendas porque há mais persuasão envolvida.

Vender diz respeito a entender a outra pessoa. Cada pessoa tem um motivo diferente para comprar baseado em sua personalidade e suas necessidades. Os vendedores não podem fazer a mesma apresentação o tempo todo. É preciso adaptar sua apresentação para atender as necessidades e a personalidade do cliente potencial sem comprometer seus padrões ou mudar sua personalidade a um ponto que precise lembrar como agiu ou o que disse.

Patterson mudava os modelos de registradora apresentados para adequar ao tipo de personalidade, não apenas ao tipo de negócio do cliente. Essa inovação fez o produto parecer customizado.

Sou contra sistemas de vendas. Eles ensinam uma maneira, geralmente uma maneira manipulativa. E você tem de usar essa maneira. O problema é que o cliente potencial pode não querer comprar dessa maneira. *De que maneira você vende?*

Por que as pessoas compram é UM BILHÃO de vezes mais poderoso do que *como vender*. Uma das habilidades da arte de vender menos conhecida e menos divulgada é o entendimento das necessidades e dos desejos do cliente, o motivo deles para comprar. As razões para comprar são reveladas através de perguntas.

Harmonia é entender, sentir o tom e o nível de conforto do cliente e usar suas habilidades de caracterização e de relacionamento interpessoal para isso.

Sua função é reunir as características do cliente potencial e combiná-las com a razão por que estão comprando, para que isso proporcione confiança bastante para comprarem.

PENSE! Sobre a harmonia na música. Suas notas musicais combinam-se com outras notas para criar harmonia.

Pense da mesma maneira nas vendas. Pense da mesma maneira na empresa.

Você está em sincronia com seus colegas de trabalho e seus clientes?

Você está *em sintonia ou em descompasso*?

A seguir estão algumas diretrizes que funcionarão em qualquer ambiente:

1. **Nunca entre em discussão.**
2. **Nunca ofenda.**
3. **Nunca pense ou comporte-se como se estivesse derrotado.**
4. **Tente fazer um amigo a qualquer custo.**
5. **Tente se colocar no lugar do cliente (harmonize).**
5.5 **Nunca precise lembrar-se do que disse (A. anote. B. Não minta).**

@TACO: Liste os últimos cinco conflitos que você teve. Então escreva como você poderia ter evitado esses conflitos. Experimente suas soluções da próxima vez em que situações de conflito semelhantes surgirem.

Princípio 21:

Conclua a venda com um acordo de compra e não deixe de fornecer uma nota fiscal ao comprador.

"Fechar uma venda é obter a decisão do provável comprador de comprar."
John Patterson

"Assuma a venda."
Jeffrey Gitomer

A maioria dos vendedores se dispõe a sair de uma oportunidade de venda sem uma resposta sobre a intenção de compra do provável comprador.

O verdadeiro provável comprador não fará objeção ao ser perguntado pela compra. Muitas vezes, o vendedor está no meio de um ciclo de venda, recebe um sinal de compra, pergunta pela compra e consegue efetuá-la. Chamo isso de princípio "Um SIM! (YES!) leva a outro."

PATTERSON ESTAVA CERTO: Não se trata de "fechar" a venda, e sim de "concluir" a venda. Há uma enorme diferença. Fechar é pressionar. Concluir é o último passo do processo de compra.

PERGUNTAS DIFÍCEIS: Como você conclui a venda? Quanto tempo leva seu ciclo de vendas? O que você poderia fazer para agilizá-lo?

RESPOSTA: Pergunte pela compra mais cedo!

LEMBRE-SE: Você é o *vendedor*, e o provável comprador *espera* que você pergunte pela compra. Não o desaponte.

A seguir estão 5,5 estratégias e táticas eficazes de fechamento:

1. Desafie o provável comprador a fazer o que é melhor para o negócio dele. Essa estratégia é excelente quando o cliente está fazendo negócios com um fornecedor ou um amigo que não tem proporcionado o melhor produto ou serviço.

2. Você é especialista no que faz. E o cliente pode ficar tranquilo para fazer o que ele faz melhor, sabendo que sua parte do trabalho será cumprida. Sempre abra caminho para o cliente fazer o que faz melhor e ficar tranquilo de que seu serviço vai suplementar o processo dele rumo ao sucesso.

3. Faça uma lista dos objetivos que o cliente quer atingir DEPOIS que seu produto ou serviço for implementado. Seu objetivo como profissional é fazer com que o provável comprador veja o mundo como se a venda já tivesse sido feita.

4. Torne o cliente um visionário. Deixe que ele lhe diga o que tem em mente em vez de você dizer o que tem em mente para ele.

5. Faça o cliente se comprometer com uma ação futura com base nos objetivos que ele deseja atingir. O melhor será verbalizar essa estratégia numa conversa de vendas do que numa apresentação, para não parecer muito premeditada.

5.5 Planeje o pós-venda antes de a venda ser consumada. Mesmo que você ainda não tenha um compromisso de compra, pode agendar um horário de instalação ou uma reunião após a entrega. Assuma a venda como parte natural da conversa.

@TACO: Comece examinando suas últimas cinco vendas. Como elas aconteceram? Como você as concluiu? Agora crie um plano para incorporar essas estratégias em cada apresentação e em cada ciclo de vendas.

Todos dizem para você "aprender com seus erros". Quem nessa vida quer errar? A única melhor lição a aprender com os erros é: "NÃO FAÇA ISSO OUTRA VEZ".

O sucesso pode ser repetido se você aprender com os seus sucessos anteriores.

Princípio 22:

O serviço prestado ao cliente é a reputação para a próxima venda. E a base para um cliente leal.

"Servir é governar."
Provérbio chinês de cinco mil anos

"A qualidade nas vendas começa com o serviço."
John Patterson

"Sua amabilidade e disposição em ajudar é diretamente proporcional a seu sucesso."
Jeffrey Gitomer

"Servir é governar" é um provérbio chinês de cinco mil anos. Quanto mais (e mais rápido) as pessoas nas empresas aprenderem que o atendimento (serviço) é a parte mais importante, mais crescerá a reputação da empresa como honesta, ética, prestativa e sincera E de seu pessoal como *dignos de se fazer negócios* e como *referência*.

UM SERVIÇO EXCELENTE AO CONSUMIDOR CRIA NEGÓCIOS REPETIDOS: O que acontece no tempo decorrido entre a primeira venda e a compra seguinte a ser feita pelo cliente determina quem vai conseguir o próximo pedido. A parte "serviço" do relacionamento que você tem com seus clientes determina seu destino para futuros negócios.

Um serviço excelente ao cliente cria a publicidade boca a boca.
O boca-a-boca GANHA de 1000 a 1 da publicidade tradicional.

Como é o boca-a-boca sobre você?

TODO CLIENTE PRECISA DO SERVIÇO: A grande questão é: Como você responde? Essa resposta cria reputação. Essa reputação leva você ao crescimento ou à morte. E você tem controle sobre ela.

Por que alguns de seus clientes amam você e outros o odeiam? Por que alguns permanecem fiéis e outros vão embora? O que você pode fazer para tornar seu serviço memorável? O que você está fazendo para manter a verdadeira lealdade do cliente?

A lealdade é o objetivo de serviço ao cliente mais difícil de atingir. Mas uma vez que você consegue, tem algo que seus concorrentes nunca terão – o próximo pedido. Ofereça respostas e soluções, não desculpas. É isso o que os clientes querem.

@TACO: Ligue para cinco clientes quaisquer e pergunte como se sentem em fazer negócios com você. Pergunte por que fariam negócios com você novamente. Depois ligue para cinco de seus melhores clientes e pergunte por que fariam negócios com você novamente. Então ligue para cinco clientes que você perdeu e descubra por que não quiseram fazer negócios com você novamente.

Essas vinte respostas, quando combinadas e estudadas, darão as respostas que você precisa para crescer e prosperar com uma combinação de novos clientes e clientes antigos fiéis.

Princípio 23:

Serviço extra leva ao "testemunho".

"Ofereça aquele pequeno serviço extra que agrada o cliente... lembre-se: um usuário satisfeito é a melhor publicidade que você pode ter."
John Patterson

"Um serviço excepcional gera testemunhos."
Jeffrey Gitomer

Todo cliente espera um serviço excelente. Muitos poucos recebem.

Sua principal função não é vender e servir. Sua principal função é oferecer um serviço *memorável*.

Ir além do esperado significa que você prevê, surpreende, agrada e até mesmo salva seu cliente no momento exato. Superar o esperado consistentemente leva a histórias, referências e testemunhos.

Fatos e números são esquecidos, mas histórias são contadas e recontadas. Um serviço excepcional diminui as barreiras para a venda testemunhal. Se você criou oportunidades excepcionais para seus clientes, eles ficarão mais do que felizes em contar a história deles para a mídia e para outros clientes potenciais. Eles vão sair falando.

E as palavras deles são tanto a verdade quanto a prova.

Como você está tratando seus clientes?

O que seus clientes estão dizendo sobre você?

Você não precisa da permissão de seu chefe para fazer um cliente feliz. Faça um cliente *feliz* hoje. Se você for o chefe, faça o mesmo para seus clientes internos (seus funcionários).

PENSE! Sobre uma vez em que se sentiu feliz por receber um excelente serviço. Faça alguém se sentir feliz.

A seguir estão suas possibilidades quanto ao processo de serviço:

- **Seu cliente TALVEZ volte se o produto foi bom e o serviço aceitável (isso é satisfação).**

- **Seu cliente VOLTARÁ se o produto foi excelente (isso é lealdade).**

- **Seu cliente VOLTARÁ E CONTARÁ PARA OS OUTROS se o produto foi o melhor de todos e se o serviço foi memorável (isso é a definição de lealdade, testemunho e referência).**

@TACO: Examine as cinco últimas referências que você recebeu. Como elas ocorreram? Avalie quantas referências não solicitadas você recebe a cada semana. Cinco deve ser um número mínimo. Então crie uma estratégia do que você pode fazer TODO DIA que o cliente considera memorável, e faça isso.

O serviço ao cliente não tem a ver com quem está certo ou errado. Tem a ver com a maneira como você reage, responde e lida com um problema. E a maneira como você lida com um problema determina o destino de seu relacionamento.

– Jeffrey Gitomer

PRINCÍPIO 24:

É melhor ganhar referências (indicações) do que pedir por elas.

"Usuários satisfeitos são sempre a sua melhor propaganda, e quantos mais deles você tiver mais dinheiro vai ganhar."
John Patterson

"Uma referência significa vender mais fácil."
Jeffrey Gitomer

Há dois tipos de referência (indicação): a *solicitada* e a *não solicitada*.

Uma referência solicitada é aquela que você pede. Referências não solicitadas são aquelas que você ganha.

Existem duas formas básicas de referências não solicitadas: dirigidas pelo cliente e dirigidas pelo boca a boca. Referências não solicitadas são como um relatório de desempenho da empresa – elas dizem como você está se saindo no mercado. Você SÓ recebe uma referência não solicitada quando está no nível mais alto de desempenho e reputação no mercado.

Se você tem um cliente feliz, pode ganhar uma referência. Mas ganhar referências requer trabalho extra. O serviço é a chave. Um serviço excelente proporcionado por você, juntamente com um serviço excelente proporcionado por sua empresa, é a melhor fórmula para ganhar referências.

Se você fizer 100 ligações do tipo cold call*, quantas vendas consegue fechar? Se você receber 100 referências, quantas vendas consegue fechar? Entendeu? A venda de maior porcentagem é uma referência.

A DEFINIÇÃO DE REFERÊNCIA EM UMA ÚNICA PALAVRA É: RISCO.
Alguém se dispõe a arriscar a amizade ou o relacionamento com outras pessoas para fazer com que contatem você para uma compra. As pessoas só se dispõem a arriscar quando se sentem seguras e confortáveis de que o risco é pequeno e as possíveis recompensas são tão grandes que superam qualquer hesitação em dar uma referência.

Você está disposto a indicar seus clientes aos outros? Uma outra pessoa está disposta a indicar os clientes dela para você? Resposta: Sim, se houver confiança mútua.

Você pode dobrar seu negócio se conseguir que todos os seus clientes atuais INDIQUEM você para um ou mais clientes como eles.

 **@TACO:** Faça uma lista de seus cinco maiores clientes. Depois faça uma lista de seus cinco melhores clientes (em relacionamento). Eles são os mesmos? É melhor que sejam, senão você está com problemas. Nesse caso, pare e desenvolva uma estratégia para que isso aconteça dentro de um ano. Liste cinco maneiras de como você pode ganhar uma referência. Crie um plano para implementar cada estratégia de referência.

***Cold Calling (contato surpresa)** é o processo de se aproximar de um *prospect* ou cliente potencial, geralmente via telefone, que não estava esperando esta interação. A palavra "surpresa" é usada porque a pessoa que recebe a ligação não está esperando ou não pediu especificamente para ser contatada pelo vendedor.

Princípio 25:
A publicidade traz conscientização. A publicidade testemunhal traz clientes.

"Usuários satisfeitos são a melhor publicidade que você pode ter."
John Patterson

"O boca a boca é 50 vezes mais poderoso do que a publicidade convencional."
Jeffrey Gitomer

Todo mundo quer ser conhecido. Todo mundo quer ser famoso. Todo mundo quer ser percebido como líder. E todo mundo comete o erro de tocar sua própria trombeta num anúncio. O endosso de um terceiro, um anúncio testemunhal vale 100 anúncios de autopromoção.

Patterson usou várias formas de publicidade. Ele experimentou de tudo; desde enviar uma circular para cinco mil possíveis clientes até criar vitrines sedutoras em suas lojas para atrair prováveis compradores para dentro.

Porém, a forma mais eficaz de publicidade que ele encontrou foi o uso de testemunhos. Quando percebeu que usuários satisfeitos era a melhor publicidade, ele estimulou todos os seus vendedores a se propagandearem identificando-se com pessoas que estivessem na posição de poder ajudá-los: seus clientes leais.

138 | Jeffrey Gitomer O Livro Prata do DINHEIRO EM CAIXA *Din Din!*

Cortesia do Arquivo da Sociedade Histórica de Montgomery

Testemunhos publicados em 21 de maio de 1947.

Testemunhos são poder de reputação e poder de vendas.

Uma publicidade testemunhal cria 5,5 situações vencedoras:

1. **Oferece provas de que seu produto é o que alega ser.**
2. **Cria credibilidade e reputação.**
3. **Reforça os laços de lealdade entre você e o cliente na publicidade.**
4. **É a única prova que você tem.**
5. **Diminui o risco da compra.**
5.5 **Esvazia a concorrência (especialmente se for um testemunho ou um cliente que optou pelo seu produto).**

Quem são seus cinco melhores clientes? Como eles escolheram você? Mudaram do concorrente para você? Encontraram valor em seu serviço além do preço? Eles fariam um testemunho para você?

Se você conseguir criar um exército de pessoas falando sobre você, em vez de um punhado de baboseiras do tipo "somos os melhores", vai fazer mais vendas do que jamais sonhou. A questão é: *você tem um exército de pessoas que o amam o bastante para fazer o boca a boca?*

@TACO: crie um vídeo testemunhal para cada benefício que seu produto proporciona e sobre o seu processo de venda. Inclua os testemunhos em sua apresentação de vendas nos momentos apropriados. Veja suas vendas dispararem.

Quando um palestrante ou um vendedor fala sobre si mesmo, sua empresa ou seu produto, ele está: ou vendendo, ou se vangloriando, ou ambos.

Quando um cliente leal fala em prol do produto na forma de um testemunho, é uma prova. Na verdade, é a única prova que um vendedor tem para substanciar suas alegações.

Testemunhos conseguem vender quando o vendedor não consegue.

Se um cliente está indeciso escolhendo entre duas empresas, é o testemunho, não o vendedor, que irá influenciar a decisão.

Testemunhos são como referências, são relatórios de desempenho. Se você tem dificuldade em consegui-los, isso não é um problema. É um sintoma. E é melhor você examinar a fundo seu método de fazer negócios ou a capacidade de seu produto, para encontrar a resposta.

A maioria dos vendedores culpa erradamente o cliente quando não conseguem uma referência ou um testemunho. Grande erro.

"Vença objeções com testemunhos."
John Patterson

"Um testemunho tem mais força do que uma centena de apresentações."
Jeffrey Gitomer

Testemunhos são PROVAS...
E são a única prova que você tem.

Quando é o momento certo de pedir um testemunho?

Não tem certeza? Essa pode ser a razão por que você não tem tantos quanto gostaria. Talvez você esteja pedindo na hora errada ou para a pessoa errada.

Você tem um notebook cheio de cartas testemunhais classificadas por tópicos? Não jogue fora todas de uma vez – substitua por vídeos. Já não está em tempo de ter seus testemunhos com os recursos tecnológicos do século XXI? E ASSEGURE que os testemunhos cubram cada objeção ou barreira que um cliente potencial possa ter em relação a preço, qualidade e valor.

@TACO: Selecione seus cinco MELHORES clientes. Aqueles que amam você de verdade. Marque uma reunião para obter um testemunho. UM VÍDEO testemunhal. Faça gravações ao vivo do que eles pensam sobre o seu produto.

Uma coleção de vídeos testemunhais será dez vezes mais produtiva do que qualquer ferramenta de vendas ou campanha publicitária.

Grave um DVD testemunhal e você será uma concha com pérola[1], terá o mundo a seus pés. Se usar apenas cartas, será um marisco qualquer.

---

[1] A expressão utilizada pelo autor *the world is your oyster* – em tradução literal, o mundo é sua ostra – significa que o mundo lhe proporcionará oportunidades ilimitadas de sucesso e prosperidade. Em tradução livre, algo como ter o mundo a seus pés. (N. do T.)

Se você fizer apenas uma ÚNICA COISA deste livro, que seja um vídeo de testemunhos para respaldar suas alegações e construir sua reputação.

Posso prometer uma coisa 100% garantida a você sobre testemunhos: ELES FUNCIONAM.

– Jeffrey Gitomer

PRINCÍPIO 26:

Sucesso nos negócios não diz respeito a pessoas simplesmente, diz respeito a pessoas extraordinárias.

"Desejo criar um time de homens que ajude a levar adiante nossas grandes ideias, não um time de homens simplesmente."
John Patterson

"Ouço sempre empresários e gerentes reclamando de que é difícil encontrar pessoas competentes. 'Não existe gente competente por aí', eles lamentam. Na realidade, existem muitas pessoas competentes por aí, amigo, elas só não estão trabalhando para você."
Jeffrey Gitomer

Eu contrato águias. Faço isso porque quero pessoas que tenham inteligência, atitude positiva e muita ética no trabalho – pessoas que querem ser bem-sucedidas e estão ávidas por aprender coisas novas. Com águias, você pode voar.

O problema é que águias são independentes. E, às vezes, elas se vão. Você tem que assumir esse risco se quiser que seu negócio prospere. Também é preciso recompensar essas águias.

Enquanto escrevia este livro, minhas águias somavam 35. Eu as trato como as campeãs que são. Estimulo, ensino, lidero por meio de exemplos, estabeleço a ética no trabalho com base em meus padrões de ética e ofereço a elas mais do que encontrariam em qualquer outro lugar.

Pago bem. Porém, mais do que isso, proporciono a elas um excelente local de trabalho, um bom plano de saúde, seguro de vida e um bom plano de previdência privada. E vou muito além.

Vale-alimentação, associação na American Automobil Association, na ACM, nos clubes de compra Sam´s Club e COSTCO e almoços para comemorar aniversários em que todos participam.

Não considero minhas águias um "time" – prefiro chamá-las de minha família. Sinto que se tratar a todos como se fossem membros de minha família (e eu tenho família – meu irmão e minhas filhas – que também trabalham comigo), eles se sentirão em casa no trabalho. Família é um grupo mais interligado do que um time.

Eu premio as pessoas por cometerem erros. Cem dólares se o estrago for grande. As pessoas ficam desconcertadas, mas, tirando o choro e o fato de se sentirem péssimas, elas aprendem a lição e recebem o dinheiro pela coragem de terem arriscado e falhado. Ninguém quer cometer erros. E quando cometem, quero assegurar de que se sintam BEM e mal.

Como você encontra águias? Não encontra – elas encontram você. Se sua empresa for atraente, e tiver excelente reputação, as águias aparecerão. Sua função é distingui-las. Algumas águias estão disfarçadas de falcão, urubu e galinha.

@TACO: Leve suas águias para um retiro de fim de semana e peça que discutam sobre que pontos fortes têm em comum. Peça para falarem sobre como enxergam o futuro da empresa e quais mudanças gostariam de ver implementadas. Designe tarefas ANTES de voltar para casa.

PRINCÍPIO 27:

Concorrência significa preparar-se para ser o melhor.

"Trate a concorrência com honestidade."
John Patterson

"Concorrência não significa guerra. Significa aprender, preparar-se, e significa ser o melhor."
Jeffrey Gitomer

Os concorrentes querem o negócio tanto quanto você. Eles vão brigar, baixar o preço, jogar sujo e fazer de tudo para impedir você de conseguir a venda. Sua função é conseguir a venda e manter seus princípios de fazer negócios.

Isso se consegue superando a concorrência em ideias, valor e desempenho. E existem milhares de pessoas que podem ajudar você a qualquer momento. Você as conhece -- são seus clientes leais.

A seguir estão 2.5 maneiras para se lidar com a concorrência:

1. Ponha-se "acima" da concorrência. A maneira ideal de vencer. Supõe que você é superior. Isso não significa sentar e esperar. Significa estar numa altura em que a concorrência responde ou perde. Algumas maneiras de se pôr "acima" são: e-zines, seminários e referências. Criar valor criando lucro. Obter testemunhos e usá-los para se por "acima" novamente.

Alguém falando a seu favor é melhor do que qualquer discurso de vendas "contra" alguém. Vou fazer uma promessa para você: se você investir o tempo e o esforço necessários para se pôr "acima" da concorrência, terá uma recompensa maior que o seu sonho mais ousado, e vender será mais fácil e divertido. E quando alcançar um nível alto de "acima", estará qualificado para o nível mais alto...

2. Ignore a concorrência. Passei os últimos dez anos ignorando a concorrência e aprimorando minhas habilidades de apresentação e de escrita. Os concorrentes leem meu artigo semanal. Eles me odeiam e eu amo isso.

Eu os conheço? Alguns. A maior parte não. Vendas e concorrência compartilham o mesmo ditado: "Não é quem você conhece, é quem conhece você". Parece um tanto lugar comum, mas permita-me assegurar a você que é melhor aprimorar suas habilidades do que "levar a melhor" sobre alguém.

Eu busco "ser o melhor", e não "levar a melhor".

Eu sempre venço? Não. Mas sempre acho que deveria. E tenho a autoconfiança que me mantém pronto para a próxima oportunidade. E levanto no dia seguinte e vou trabalhar afinando minhas habilidades.

Minhas maneiras de lidar com a concorrência (pondo-me "acima" ou ignorando) são as mais difíceis – mas funcionam. E quanto mais você se põe "acima" deles, mais pode ignorá-los.

Sim eu quero levar a melhor sobre a concorrência. Mas o caminho mais inteligente é fazer com que olhem para cima para verem onde você está.

Deixe que "sintam você chegando" e leve a melhor sobre eles sendo o "escolhido" ou o "preferido".

2.5 NÃO TENTE PRECIFICAR OU COTAR ABAIXO DELES. Com raras exceções (uma delas, a Southwest Airlines), o cara com o menor preço também é o cara com o menor valor ou o menor lucro.

A seguir estão algumas perguntas **PENSE!**:

Quantas maneiras existem de lidar com a concorrência?

Como você lida com ela?

O que você diz sobre ela?

Como você leva a melhor sobre ela?

Com que freqüência ela leva a melhor sobre você?

O objetivo é distinguir você da concorrência e de todos os outros.

Tenha novas ideias criativas. Tenha o produto que você vende na forma acabada (*design* pronto, *layout* preliminar, amostra). Tenha uma apresentação multimídia UAU! Tenha um gráfico comparativo dos principais aspectos em que você vence a concorrência. Seus cartões de visita são sem graça? Faça novos, mesmo que isso saia do seu bolso.

NOTA IMPORTANTE: Não desmereça a concorrência. Se não tiver nada de bom para dizer, não diga nada. É uma regra que nos sentimos tentados a quebrar. É o doce canto das sereias. Fique longe delas. Desmerecer a concorrência não é uma situação do tipo não-ganhar; é uma situação perder absolutamente.

Quando um cliente escolhe você em vez de a concorrência, é um dia para celebrar – e um dia para descobrir o "porquê". Quando você descobre por que foi escolhido, tudo o que precisa fazer é repetir o processo.

O mesmo acontece quando você perde. Descubra o porquê.

@TACO Examine as cinco últimas vendas em que você foi escolhido e não a concorrência. Escreva os principais fatores que explicam por que você ganhou. Faça o mesmo para as perdas. Examine as últimas cinco vendas que você PERDEU para a concorrência. Escreva os principais fatores que explicam POR QUE você perdeu.

Agora tudo o que precisa fazer é reforçar as razões pelas quais você foi escolhido e melhorar as razões pelas quais não foi. PRONTO! Mais vendas – e você pode agradecer à concorrência por ajudá-lo a ganhar deles.

DICA DO GIT... **É provável que você tenha sido escolhido porque o cliente achou que seu produto era melhor ou porque seu relacionamento era melhor.** Se você quer 4,5 razões por que os clientes escolhem você em vez de a concorrência, acesse www.gitomer.com, registre-se se for um usuário novo e digite a palavra BEAT COMPETITION na caixa GitBit.

Princípio 28:

Reconheça e agradeça àqueles que ajudaram você a ter sucesso.

"As pessoas raramente se aprimoram quando não têm outro modelo além de si próprias."
John Patterson

"Quando você premia uma conquista, prepara o cenário para mais realizações."
Jeffrey Gitomer

Não se esqueça de agradecer àqueles que ajudaram você ao longo do caminho. Isso vale não só se você for vendedor, mas também se for um executivo com banheiro e copa privativos.

Patterson fez um trabalho maravilhoso agradecendo não só a sua equipe de vendas, mas a *todos* seus funcionários. De prêmios através do ainda existente "Clube dos 100 pontos" a melhorias na fábrica e incentivos, Patterson fez o melhor de si para premiar e satisfazer as necessidades de cada pessoa em agradecimento.

Você não se torna um sucesso sozinho. E isso não acontece da noite para o dia. Você pode até ter a sorte de contar com um mentor ou dois. Seja inteligente o bastante para agradecê-los.

Não deixe de agradecer às pessoas que ajudaram você a ter sucesso. Aprenda a agradecer a todos.

Você precisa que seus colegas no trabalho ajudem você a ter sucesso em todos os níveis de realização na carreira. O chefe pode ajudar você, assim como o motorista do caminhão. E na maior parte das vezes, são as pessoas do menor escalão que ajudam mais. Mostre a elas seu reconhecimento. Agradeça a elas. Recompense-as. Deixe que saibam que você se importa. Deixe que saibam que você se sente agradecido pela ajuda delas.

ATENÇÃO: Nas notas fiscais sempre há a palavra "Obrigado!" . Patterson começou isso.

@TACO Liste cinco pessoas que você quer agradecer. Compre um pequeno presente de lembrança para elas. Eu dou livros autografados. Acesse www.executivebooks.com e compre a coleção de livros de Charlie "Tremendous" Jones. Eu mantenho uma dúzia delas à mão para presentear – e as pessoas adoram.

Ah, e MUITO OBRIGADO por você ser meu leitor.

PENSE! Sobre criar uma impressão positiva nos outros da mesma maneira que você se impressionou. Ter um mentor é uma dádiva e pode fazer uma enorme diferença para a pessoa em quem você investiu. Passe adiante.

Princípio 29:

Para obter lealdade você precisa OFERECER lealdade.

"Se é apenas dinheiro o que você obtém com o seu trabalho, não obtém o suficiente."
John Patterson

"A lealdade do cliente é o nível mais alto de realização nos negócios."
Jeffrey Gitomer

Patterson escreveu: "Acredite em suas mercadorias. Seja leal a sua empresa. Ponha o coração em seu trabalho". Ele escreveu essas palavras em 1889. Ele aderiu aos princípios da lealdade sem mencionar a palavra de fato.

Os quatro pilares que pratico e prego são:

I. **Lealdade a sua empresa.**

II. **Lealdade ao seu produto.**

III. **Lealdade ao seu cliente.**

IV. **Lealdade a si próprio.**

Combine as palavras de Patterson com meus quatro pilares da lealdade e você irá descobrir os fundamentos para construir um sucesso de longo prazo nos negócios.

Então, como você chega à lealdade no relacionamento com seus clientes? Simples – aplique os princípios que constroem lealdade em todos os outros aspectos de sua vida.

Bem, um tanto simples.

Meu critério para determinar se há lealdade é:

1. **O cliente fará negócios comigo de novo?**

2. **O cliente me indicará proativamente a outros prováveis compradores?**

Minha filosofia sobre lealdade é:

> Se eu for leal aos meus clientes, eles serão leais a mim.
>
> Se eu indicar outros clientes a meus clientes, estou dando a eles minha lealdade e, portanto, merecendo a deles.
>
> Se eu der o exemplo ao fazer para meus clientes o que quero que façam para mim, receberei o que quero por merecer, em vez de esperar ou pedir por isso. Merecer é a maneira mais poderosa para se ganhar qualquer coisa.

As lições mais fáceis de lealdade são aquelas que você aprende em casa, seja por meio de exemplos positivos ou negativos.

As fundações de todos os edifícios e casas começam com pilares. Sem a fundação apropriada, você tem um prédio instável e um cliente instável.

O mesmo acontece nos negócios. Se você não tem os quatro pilares da lealdade, as fundações de seu negócio são instáveis.

Você deve ser leal a todos os quatro pilares.

Lealdade é a maior meta.

Lealdade é sucesso.

Lealdade é algo precioso.

Lealdade é um negócio de ouro.

Lealdade é inexorável, incessante e constante.

Lealdade é a oportunidade de ouro de fazer sua caixa registradora tilintar ao merecer receber dos outros.

"A melhor maneira de se obter lealdade é merecê-la."

Jeffrey Gitomer

A lealdade é mais delicada com clientes porque existe um equilíbrio entre dinheiro e valor.

E a lealdade não é simplesmente algo concedido – é uma distinção merecida.

– Jeffrey Gitomer

Princípio 30:

Decida. Não importa se está certo ou errado. Decida!

"Um executivo é um homem que decide. Às vezes, decide certo. Mas sempre decide."
John Patterson

"Se você quer ter sucesso, precisa fracassar algumas vezes."
Max Gitomer
(meu pai)

Tomar uma decisão envolve risco e coragem.

Essa era a maneira de Patterson dizer: "Arrisque-se, aproveite uma oportunidade". Sua vida inteira foi risco e oportunidade. Ele frequentemente tomava decisões que arriscavam seu último centavo.

INSIGHT: Patterson não assumia qualquer risco. Ele assumia riscos calculados.

Patterson era um tomador de decisões. E exigia o mesmo de seus executivos. Ele podia tolerar funcionários que cometessem erros, mas não tinha paciência com pessoas que tivessem medo ou hesitassem em tomar uma decisão.

Tomar decisões era fácil para Patterson pelo simples fato de que ele tinha o hábito instintivo e inveterado de analisar situações de forma realista.

Patterson tomava decisões independentemente de serem importantes ou triviais, usando sua famosa estrutura de pirâmide. Ele chegou ao ponto de padronizar essa estrutura para as pessoas de sua equipe.

O objetivo a ser atingido (a decisão) seria o topo da pirâmide. Então ele acrescentava uma análise realista aos meios pelos quais o objetivo poderia ser alcançado.

Ele padronizou este método de tomada de decisão por toda a organização, para que se tornasse um hábito entre todos os funcionários da empresa sempre que fosse necessário chegar a uma decisão.

Patterson queria que todo o seu pessoal pensasse da mesma maneira ou no mínimo como ele. A estrutura de pirâmide era um símbolo disso.

PENSE! sobre as últimas decisões que você postergou. Por que você fez isso? Incerteza? O *timing* não foi certo? Não queria assumir risco? Medo das repercussões? Você sempre pode mudar a direção para aonde está indo, menos se ficar parado.

Postergar uma decisão resulta da falta de informação. E postergar uma decisão resulta da falta de informação factual para fazer um julgamento sólido. Postergar uma decisão resulta da confusão e da desorganização. Postergar uma decisão resulta da dúvida e do medo.

Não é uma questão de "não poder" decidir.
É uma questão de "não querer" decidir.
"Não poder" significa "não querer".

NOTA: Palpiteiros são os melhores não tomadores de decisão. Eles veem alguém que assumiu um risco, decidiu incorretamente e saem com essa: "Bem, eu não teria feito isso!", enquanto estão enfurnados em seu poleiro tomando cerveja e berrando com a TV.

Como você toma decisões? É sistemático? Ou por intuição?

Não consegue tomar decisões? Experimente usar a maneira de Patterson: A Estrutura de Pirâmide.

A estrutura de pirâmide foi desenhada por Patterson na última folha de um livro sobre longevidade. Patterson se inspirava com a leitura e imediatamente anotava suas ideias, conceitos e pensamentos.

@TACO Crie sua própria estrutura de pirâmide. Comece com uma decisão que precisará tomar em breve. Consulte as definições e os exemplos de Patterson. Geralmente, quando você escreve as possibilidades, a decisão fica mais óbvia.

DICA DO GIT... **Quer mais informações sobre tomar decisões – por que as pessoas decidem e o que impede que decisões sejam tomadas?** Acesse *www.gitomer.com*, registre-se se for um novo usuário e digite a palavra DECISION na caixa GitBit.

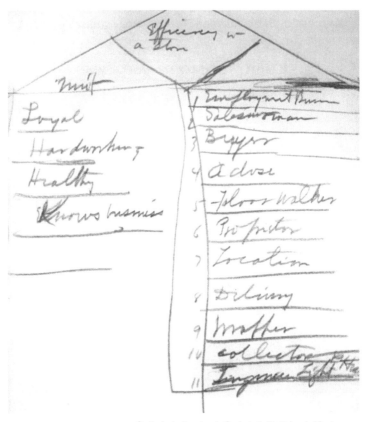

Cortesia do Arquivo da Sociedade Histórica de Montgomery

Estrutura de pirâmide desenhada por Jonh Patterson.

PRINCÍPIO 31:

Você se torna conhecido por suas ações. Seja ético.

"Houve um tempo em que todos os vendedores de sucesso eram mentirosos. Esse tempo se foi."
John Patterson

"Você é mais conhecido e julgado por suas realizações e ações do que por suas palavras."
Jeffrey Gitomer

O que é ético? Quem decide?

Use as 5,5 perguntas decisivas durante a apresentação:

1. **Isso atende aos interesses de longo prazo do cliente?**
2. **Isso atende aos interesses de longo prazo de minha empresa?**
3. **Isso atende aos interesses de longo prazo de minha carreira?**
4. **Se eu fosse o provável comprador, eu compraria?**
5. **Isso é algo que deixaria minha mãe orgulhosa de mim?**
5.5 **Estou falando a verdade?**

Essas 5,5 perguntas são o cerne do processo de venda e o cerne da ética em qualquer negócio. Elas devem ser perguntadas toda vez que ocorrer uma interação de negócios e toda vez que uma venda for proposta.

Patterson sabia 100 anos atrás a importância da ética nos negócios e queria que seu pessoal transmitisse uma imagem de confiabilidade, amabilidade e seriedade.

Minha experiência me mostrou que: se você precisa dizer que você é, provavelmente você não é.

PENSE! sobre isso por um momento. "Sou honesto", "Sou ético", até mesmo "Sou o tomador de decisões", "Sou o chefe", ou "Sou o responsável", geralmente indicam o oposto, não é?

Essas são as maneiras fáceis de medir os resultados de sua ética:

- **Você pode vender de novo para o mesmo cliente?**
- **O cliente indicou outro cliente para você – sem você pedir?** Excelente prova de sua ética, seja ainda melhor ou caia fora.
- **Lembra-se do filme *Pinóquio*?** E do Grilo Falante no ombro de Pinóquio? A música que estimulava a reflexão: "Sempre Deixe que Sua Consciência seja seu Guia" (e você provavelmente sabe cantar o refrão) era um manifesto para se afastar da falta de ética. Você já não sabia o que ele ia dizer? E já não sabia o que deveria fazer? Você não precisa se questionar sobre ética. Simplesmente precisa agir de maneira ética com base no que já sabe. Se tiver alguma dúvida, ligue para sua mãe.

Princípio 32:

Se você fez seu dever de casa e se preparou bem, ficará evidente em seu boletim de sucesso.

"Lembre-se: a demonstração tem um único objetivo, a venda da registradora. Não importa quão bem você acredita que demonstrou a registradora, se não fechou a venda, fracassou em seu propósito."
John Patterson

"Vendedores fracos olham para quotas e sentem medo. Vendedores medíocres olham para quotas e veem uma meta. Vendedores excelentes olham para quotas e riem."
Jeffrey Gitomer

Patterson criou o primeiro sistema de quotas já utilizado. Quando ele definiu o sistema, era um número relativo baseado na região do vendedor. Era um reflexo do que o vendedor deveria atingir com base no poder econômico de sua região. Naquela época, e ainda hoje, as quotas eram um sistema para medir um mínimo de realização.

Se você fosse um escoteiro, seu lema seria: "Esteja Preparado". Seus pais ralhavam com você o tempo todo: "Faça seu dever de casa!". Isso não era um exercício. Era uma lição. Fazer o dever de casa nunca termina. Você fez na escola. Agora precisa fazer nos negócios, ou perderá para alguém que faz.

A seguir está minha regra "A Regra do Quanto Mais, Mais":

- **Quanto mais você acreditar, mais irá vender.**
- **Quanto mais valor proporcionar aos outros, mais pessoas vão conhecer e respeitar você.**
- **Quanto mais você estudar sobre negócios, mais saberá como reagir em qualquer situação de negócios.**
- **Quanto mais você estudar sobre vendas, mais saberá como reagir em qualquer situação de vendas.**

Atinja OBJETIVOS, não quotas.
Pense em ser o MELHOR, não em quotas,
e os objetivos simplesmente aparecerão.

Max Gitomer, meu pai, sempre ia a uma visita de vendas com um bloco amarelo repleto de dever de casa e quase sempre saía com um acordo ou com uma venda. Me pergunto se havia uma correlação. Dever de casa por definição é um "trabalho" que você faz em "casa". Isso significa desligar a TV e ligar o computador. Isso significa desligar a TV e entrar na internet. Isso significa ler em vez de assistir. Isso significa se preparar, o que o levará a vencer.

Se você se preparar bem e aplicar os fundamentos para atingir o MELHOR de sua capacidade, seus objetivos serão atingidos e suas quotas vão explodir.

PENSE! sobre o que está impedindo você de atingir seus objetivos e de ser o melhor.

Princípio 32,5:

Se funciona há 100 anos ou mais, nem pense em fazer mudanças.

"Não existe nada novo no mundo, mas existe um mundo de coisas antigas que não sabemos."
Ambrose Bierce

"Se você quer aprender algo novo ou ter uma ideia nova, leia um livro de setenta anos."
Jeffrey Gitomer

A tradição está em todo lugar. Rivalidades no futebol datam de 100 anos atrás. Cerimônias religiosas. Democratas *versus* Republicanos. Festivais, paradas e cortejos.

As pessoas são atraídas para, e se sentem atraídas por, uma tradição. Elas viajam centenas de quilômetros e ficam de pé em meio a uma multidão, num frio congelante, para participar. Conversam sobre isso. Comparam como foi este ano em relação ao ano passado ou aos anos anteriores.

Os princípios, estratégias e ideias que estou apresentando para você não são diferentes.

A razão por que coisas continuam existindo depois de 100 anos é que têm funcionado há 100 anos. Tradições familiares como o jantar de Ação de Graças, o jantar de peixes na noite de Natal na Itália, tradições de etiqueta como agradecer e dar boas-vindas às pessoas (sem o uso de computador) e tradições financeiras pessoais como poupar ou investir um percentual de sua renda são tão tradicionais que são irrefutáveis.

Se você conseguir identificar as tradições de sua empresa e se tornar mestre nelas, será não só bem-sucedido como respeitado também.

A tradição é um seguro poderoso e sagrado do sucesso.

A TRADIÇÃO DO CLUBE DOS 100 PONTOS DE PATTERSON. Patterson foi o primeiro empresário a oferecer incentivos e prêmios para os funcionários. O Clube dos 100 Pontos foi criado para os vendedores da Força de Vendas Americana da NCR que acumulasse mais de 100 pontos em vendas por mês, a qualquer tempo, a partir de 1º de janeiro de 1906. (Cada registradora valia um determinado número de pontos.)

A insígnia desse clube exclusivo é um diamante solitário montado numa estrela de ouro maciço, sendo a estrela emblemática do talento na arte de vender e a pedra da competência. Esse clube ainda se reúne 100 anos depois de fundado. Isso é tradição.

O benefício para os vencedores era participar, com todas as despesas pagas, de uma convenção de duas semanas em Ohio com os executivos da empresa. Patterson começava oferecendo prêmios de peso para aqueles que superavam suas metas de vendas. Alguns prêmios eram tão grandes e formidáveis como um carro zero. Cada um dos prêmios era cuidadosamente calculado para conquistar o desejo do vendedor. Só artigos da mais alta qualidade eram oferecidos.

Cortesia do Arquivo da Sociedade Histórica de Montgomery
Convenção do CCP, 1020
John Patterson, segundo à direita na primeira fileira.

Todos os vendedores da NCR trabalhavam por algo além do salário e da comissão. Eles tinham algo extra pelo que lutar. E por sua vez, os incentivos e prêmios produziam vendedores esforçados, competentes e dedicados. Esses incentivos ainda funcionam para homens e mulheres ao redor do mundo.

"Lealdade Produz Líderes" era o lema adotado pelos membros do Clube dos 100 Pontos durante sua primeira convenção anual. Esse lema explica como os homens que participaram da convenção de grande honra eram os líderes da força de vendas Americana.

Os líderes do Clube dos 100 Pontos são leais:

1. **A sua empresa.**
2. **Aos métodos de sua empresa.**
3. **As suas próprias ideias de excelência em vendas.**
4. **Às práticas excelentes e éticas nos negócios.**
5. **A si próprios.**

O Clube dos 100 Pontos era uma celebração, um reconhecimento e uma experiência de aprendizado. Tive o privilégio e a honra de falar para esse grupo numa de suas convenções. Foi uma emoção e um desafio.

Tradições são um patrimônio valioso. Elas são um elo entre o passado e o presente. Ajudam você a ver o que foi feito. Ajudam você a lembrar o que fazer. E proporcionam a você a confiança de que pode fazer de novo porque já foi feito antes.

Tradições existem para você
aprender e abraçar.

Elas existem para ajudar você a ter sucesso.

Recompense aqueles que ajudaram você com uma demonstração pública de agradecimento.

– John Patterson

"Tradição!"
Música cantada por Tevye, o leiteiro, em "Um Violinista no Telhado".

As pessoas vão tentar fazer chover na sua praia porque não têm uma praia própria.

– Jeffrey Gitomer

TRADIÇÕES DE SUCESSO E PRINCÍPIOS PARA A VIDA. Se você tem uma empresa com 120 anos, você tem tradição. Um monte. Existem coisas que você manteve e aprimorou ao longo dos anos. Duas grandes delas na NCR são o *The Primer* e o Clube dos 100 Pontos.

Existem algumas tradições abandonadas que, em retrospecto, você percebe que deveria ou gostaria de ter mantido.

Se você NÃO tem uma empresa de 120 anos, preste atenção: As antigas chegaram lá com base num conjunto de princípios e valores diferente dos que eu ou você temos. E presenciaram o mundo passar por mudanças radicais ao longo de cada década e tiveram de se adaptar a tais mudanças ou morrer.

A NCR tinha uma revista chamada *The Hustler*. (veja uma das capas ao lado). Foi lançada em 1884 e por alguma razão não foi mais publicada.

Cortesia do Arquivo da Sociedade Histórica de Montgomery

A revista *The Hustler*

Sua finalidade era comunicar ideias, notícias e o sucesso da NCR. Hoje, quando as pessoas pensam sobre a revista *Hustler*, uma coisa mais maliciosa vem à mente. Mas naquela época, a *Hustler* retratava exatamente o que Patterson queria de seus vendedores: rapidez.

Parte de se atingir o sucesso é agir com rapidez (*hustling*) e naquela época isso significava ir rápido de um lugar para outro. Na virada do século passado, eles não podiam entrar no carro e ir para qualquer lugar. Não existiam carros em 1889. Tinham de tomar o trem para chegar na próxima cidade.

Um livro favorito de minha biblioteca se chama *The Fuller Bristler*. É a compilação de um ano dos newsletters semanais da Fuller Brush Company escritos por seus próprios vendedores (porta a porta). Os vendedores referiam a si próprios como "plugados". O primeiro número daquele ano (1925) trazia um punhado de pensamentos inspirados pelos "plugados". Era uma maneira como os vendedores (também não havia mulheres) podiam ajudar uns aos outros.

Não existiam telefones celulares ou e-mails naquela época para se comunicarem. O newsletter era a única maneira pela qual podiam se conectar e se comunicar sobre técnicas de vendas e ideias. Era usado para um vendedor compartilhar informações e encorajar outros vendedores.

Era assim em 1925. É assim que achavam que deveria ser. E é a maneira como é nos negócios e organizações bem-sucedidos de hoje.

Na NCR não era diferente. Revistas e newsletters eram uma parte tradicional do suporte pessoal deles.

Mas a NCR foi muito além. A ideia brilhante de Patterson é que ele reuniria seus executivos, gerentes e vendedores para uma conferência. Ele faria todos se arrumarem e comparecerem. Subliminarmente ele estava dizendo: "Todos os meus rapazes se parecem; portanto, compartilham dos mesmos problemas". Seu brilhantismo estava nas sutilezas.

Ele os ensinava, desafiava, deixava que interagissem entre si, comunicava-se com eles semanalmente e os premiava pelos sucessos. Em público.

E quando você repete esse processo ano após ano, ele se torna uma tradição. Uma tradição de ações, realizações e princípios repetidos com sucesso. Você venceu no passado, não há razão para não vencer hoje. E amanhã. Em outras palavras: você vence porque acredita que vencerá e que pessoalmente é um vencedor.

O PODER DE UM *FLIPCHART*. O *flipchart* é uma tradição? John Patterson usava um em 1900, e, a despeito de todos os avanços tecnológicos, continuo usando um mais de cem anos depois. Ainda é o melhor meio de comunicação e clarificação de ideias que conheço. Comprei meu primeiro em 1972. (Aquele na foto à direita sou eu).

Para mim, 1972 foi um ano de reviravolta. Eu estava aprendendo a ciência das vendas. Estava sem dinheiro (Ok, quase quebrado). E foi o ano em que adquiri atitude.

O *flipchart* desempenhou uma parte integral na evolução de minha tomada de decisão e de atitude naquele ano, mas só percebi seu poder 30 anos mais tarde. Tudo o que fiz foi escrever no *flipchart* um punhado de coisas que me diziam o que eu deveria fazer para alcançar uma atitude positiva e mantinha o bloco aberto naquela página até cumpri-las.

Parte de meu regime de treinamento era ler um capítulo do livro de Napoleon Hill por dia. O livro só tem 15 capítulos. E outra parte era garantir que eu vivenciasse a atitude a cada dia, embora minha vida não estivesse na melhor das situações naquela época. (Já aconteceu isso com você?) Meus filhos gêmeos tinham acabado de nascer, meu casamento ia mal e eu estava quebrado.

Flipchart – Patterson (à esquerda) e Gitomer

Mas quando as pessoas me perguntavam como estavam as coisas, eu dizia: "ÓTIMAS!" (embora estivessem péssimas).

Guardei quase 50 blocos de *flipchart* ao longo dos anos. Guardo tudo. Inclusive minha atitude positiva. Sei onde encontrá-la. Ela está sempre comigo. Sempre estou portando ela. E ela permanecerá comigo até o último minuto de meu último dia.

Uso o *flipchart* no começo de uma ideia ou no começo de um projeto. Uso ao me preparar para escrever cada um de meus livros. Uso para comercializar cada livro.

O *flipchart* pode definir e delinear ideias e conceitos de uma maneira que cria detalhes que você não havia pensado. Conforme escreve cada ponto (ou assunto), de certa forma ele impulsiona sua mente para o ponto seguinte, e faz você dizer: "É isso", enquanto escreve furiosamente.

Às vezes, copio uma folha para meu laptop. Às vezes, colo várias delas na parede conforme faço meu *brainstorming*, mas como já escrevi, também tenho tudo subliminarmente armazenado na área "a força" de minha mente.

Eu executo cada uma de minhas ideias por osmose. Já as tenho no papel. Isso é o começo da clarificação mental e da ação física.

Não sou bom em detalhar planejamentos. Mas sou bom em pensar. E sou bom em criar. O *flipchart* é o meio perfeito para essas três coisas.

É grande. Está em branco. E é indutor para uma pessoa reflexiva e criativa. Cheguei até ao ponto de ser seletivo com o tipo de canetas que uso num *flipchart*.

O *flipchart* clarifica o pensamento – estende o pensamento – e depois que você escreve algo, o *flipchart* também comunica ideias e conceitos.

Em muitos de meus seminários, eu uso um *flipchart* (embora também tenha uma apresentação em PowerPoint). Adoro pegar o *flipchart*, traçar uma linha vertical dividindo a folha ao meio e pedir ao público para gritar as maiores objeções que recebem. "Preço", "Satisfeito com o fornecedor atual", "Usa a cotação mais baixa", "Não retorna minhas ligações" eles berram. As mesmas objeções o tempo todo. Milhares de seminários. Sempre as mesmas objeções.

Então, na outra metade da folha, eu digo, "Independentemente de produto, digam qual é o objetivo de seu cliente no negócio dele". E eles gritam: "Vender mais", "Manter a lealdade dos clientes", "Aumentar a produtividade", "Ter lucro". As mesmas respostas o tempo todo. Milhares de seminários. Sempre as mesmas respostas.

Então eu digo: "Se vocês conseguissem tornar todas as coisas do lado direito – as coisas que o cliente quer – realidade, as objeções ainda teriam importância? O preço ainda teria importância? A plateia inteira diz que as objeções desapareceriam. O *flipchart* se torna um imenso AHA! estruturando algo que todo mundo já sabe em algo que veem E percebem como verdadeiro.

Flipcharts são baratos. Custam entre $50 e $200. E você pode se perguntar se o seu chefe vai comprar um para você. DICA IMPORTANTE: você tem seu próprio dinheiro agora. E pode começar a investir na pessoa mais importante do mundo – Você.

Quanto vale uma ideia? Quanto vale uma ideia que você captura? Quantas ideias você já teve e perdeu porque não anotou? O *flipchart* captura, comunica, expande e solidifica planos. E o *flipchart* preserva de um modo que você pode voltar e consultar o que fez, e rever seus planos.

> O *flipchart* não é uma opção.
> É um patrimônio.
> E o meio perfeito para tornar um conceito transferível.

A LEGENDÁRIA FEIRA MUNDIAL DE 1904. A NCR foi um dos expositores na Feira Mundial de 1904. John Patterson foi astuto o bastante em convencer todos os concessionários a comprar uma caixa registradora e a emitir uma nota fiscal pelas compras. Isso assegurou a Patterson a exposição máxima para suas máquinas durante toda a feira.

Cada expositor foi enfático em proibir os visitantes de mexer em seus produtos. Placas "Favor não mexer" – estavam por todo lado, exceto no estande da NCR. Patterson convidava todos a "mexer". Ele incentivou as pessoas a experimentarem as máquinas e imprimirem suas próprias notas.

Arquivo NCR da Montgomery Historical Society

Estande da NCR na Feira Mundial de 1904 em St. Louis.

Essas ações são mais provas das estratégias de negócios vencedoras de Patterson. Ela fazia o que todos os demais tinham medo de fazer.

Enquanto todos os outros guardavam seus ovos de ouro a sete chaves, Patterson fazia ovos mexidos e oferecia café da manhã de graça.

O que você estava fazendo ou o que você fez que subverteu completamente o sistema e funcionou? Não estou dizendo "faça o contrário de todo mundo". Estou dizendo "polemize", "arrisque" e "ouse usar sua criatividade porque é aí que está o crescimento, é aí que estão as recompensas". Ouse ser diferente e ousará ser grande.

A LENDA DO 5 E ,5. Se tiver a oportunidade de ler o *The Primer*, verá que toda vez que Patterson fazia uma argumentação ou criava uma regra, ele anexava cinco exemplos para deixar tudo claro.

A transferibilidade (no caso de Patterson, o processo de memorização) de cada um de seus cinco argumentos correspondia aos dedos da mão. E em muitos casos, havia de fato a ilustração de uma mão com cada exemplo sobre um dedo. Uma técnica simples, porém poderosa.

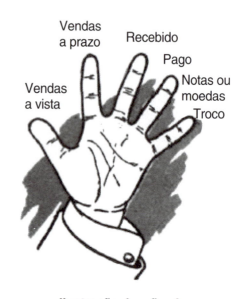

Ilustração de mão, do *The Primer* de 1919.

Diz a lenda que ele gostava do número cinco não só porque correspondia aos cinco dedos, mas também porque existiam cinco tipos de dinheiro, cinco coisas que os clientes faziam quando entravam numa loja e cinco coisas que ele queria que seus vendedores fizessem antes de entrar numa reunião.

Patterson percebeu que negócios e vendas eram uma ciência. Ele experimentava como qualquer bom cientista faria até encontrar fórmulas que funcionassem. Então as repetia.

E fazia com que centenas de funcionários, executivos, gerentes e vendedores as repetissem.

Era simplicidade combinada com a ciência que tornava os conceitos transferíveis e de sucesso.

Em 1992, fui contratado por outro palestrante para ajudá-lo no marketing de um novo programa de liderança. Ele já era especialista em gestão de tempo e possuía centenas de clientes.

Minha função era criar um programa de aprendizagem adicional para que ele pudesse retornar a seus clientes leais que já o amavam e oferecer mais negócios.

Tive uma ideia legal. Escrevi um discurso sobre liderança com oito pontos: Manter uma atitude positiva, abraçar mudanças, mobilizar coragem, assumir riscos, ouvir com a intenção de entender, comunicar para ser entendido, entender a si próprio e a sua situação.

Expliquei a ele que essas eram qualidades simples e poderosas de liderança, mas que não existia um vínculo, uma "cola". Então eu disse: "Vamos usar 8,5 e tornar o ,5 'o compromisso,' porque sem compromisso nenhuma das outras qualidades vai fazer de você um líder de verdade."

Achei a ideia brilhante. Mas felizmente meu cliente disse: "Não gostei". "Não tem problema", eu disse. "Você se importa se eu a usar para mim?"

E desse momento em diante, todas listas que faço terminam com ,5.

Isso se tornou não só minha marca registrada, como também meu desafio que mais estimula a pensar. Toda vez que faço uma lista, asseguro que a pessoa que lê a lista saiba como aplicar as estratégias para si própria acrescentando um ,5 no final.

Qual é a diferença entre 5 e ,5? Por que são relevantes inclusive para essa discussão? A resposta tem uma palavra: transferibilidade.

Para que você leia, entenda, incorpore e tenha sucesso com esses princípios, você precisa pegar E fazer. E eu prometo que se você pegar e fazer também alcançará o ,5 – embolsar.

– Jeffrey Gitomer

O poder potencial do provável comprador

ESTE É O DESAFIO: você se refere a seu provável comprador como *prospect* há 20 anos. Talvez alguns de vocês, há apenas dois anos.

Pensamento errado. Ou no mínimo pensamento incompleto e não inspirador. Em sua mente, você deve começar a transição de *prospect* para "provável comprador" na maneira como pensa. Isso coloca sua mente em YES! Antes de você começar.

Sou especialista em vendas. Acredito que sou o melhor do mundo em vendas e no processo de venda. Adoro a argumentação, a apresentação, a reunião e o desafio associado a fazer vendas. Adoro quando o executivo para quem estou fazendo a apresentação levanta e anda pela sala e então eu sento em sua cadeira. Adoro quando consigo convencê-lo a dizer as palavras, "Meu pessoal precisa ter isso" ou "Meu pessoal precisa ver isso".

Você sabe o que isso significa? A registradora tilinta. Dinheiro.

Estudo a história das vendas há 35 anos. Toda vez que leio alguma coisa, aprendo alguma coisa.

Adoro ler especialmente livros com mais de 50 anos, porque ideias antigas geralmente são ideias novas revistas ou disfarçadas.

Quando comecei a estudar John Patterson, minha forma de pensar sobre como as vendas deviam ser conduzidas mudou muito. E quando me deparei com as palavras que Patterson usava para definir *prospect*, acreditei que era um dos maiores cinco eventos AHA! de minha vida. Era não só brilhante, era brilhante E óbvio.

Ele se referia ao prospect como *provável comprador*. UAU!

Pensei comigo: "Por que todo mundo não faz isso?" alguns vendedores os chamam de supostos, *prospects*, refugo ou defeituosos. Eles os chamam de enroladores, caçadores de preço, "estou só olhando" e por aí vai. Eles estão loucos. Já estão criando um tom negativo em suas mentes do que acham que vai acontecer. A verdade é que não estão pensando – estão prejulgando. E não existe um erro pior que alguém pode cometer nos negócios.

Patterson, em seu brilhantismo, estabeleceu um tom positivo para cada cliente potencial que um vendedor poderia encontrar referindo-se a eles como "provável comprador". E como já confessei, nada do que já vi no mundo dos negócios ou das vendas chegou perto desse brilhantismo.

Se você começar a se referir a seu cliente potencial como "provável comprador", vai mudar toda sua perspectiva mental quando entrar na reunião, tentar a venda, fechar a venda e quando a venda estiver concluída.

Quando você tiver isso em mente, chamará seus *prospects* de *prováveis compradores* para sempre porque isso é a chave para sua autoconfiança.

Sua autoconfiança é metade de suas vendas. É a parte que você consegue demonstrar com mais facilidade para outra pessoa. Elas captam sua paixão, seu entusiasmo e sua atitude. Tudo isso vem da autoconfiança. A autoconfiança vem de seus pensamentos mais íntimos e de sua linguagem interior. Usar o termo *provável comprador* não levará você a mais vendas apenas, levará você a uma vida melhor. Eu prometo.

Se você pensar num *prospect* como *prospect*, está fadado à atitude do "talvez". Se você pensar neles como *prováveis compradores*, irá a uma visita de vendas pensando em **"DINHEIRO EM CAIXA *Din Din!*"**.

Como vivenciar os Princípios
DINHEIRO EM CAIXA
Din Din!

É fácil ler os princípios e é fácil memorizá-los. É fácil ler os princípios e dizer para si próprio: "Sim, eu já sei isso". Mas existe uma grande diferença entre SABER e FAZER.

"Saber" não é vivenciar esses princípios. "Fazer" leva à maestria. Vivenciar os princípios é incorporá-los em seu cotidiano e buscar dominá-los. Eles funcionaram cem anos atrás e continuam funcionando até hoje.

NOTA: Patterson não se distraía com TV. Nem eu. Em vez disso, ele se distraía com a família e com livros. Eu também. Para entender este modelo de sucesso, talvez seja necessário evitar ou ignorar a televisão por algum tempo. Foi o que eu fiz, e funcionou.

Ao pôr em prática cada princípio, você aprende a vivenciá-los. No entanto, não basta aplicar esses princípios uma única vez, você precisa ter domínio. Só dominando as ações é que você os vivenciará plenamente. Será necessário algum tempo e muita autodisciplina para ganhar apenas proficiência (o primeiro passo para a maestria), mas o resultado final será mais lucrativo do que você poderia imaginar. Não apenas nas vendas, não apenas nos negócios, não apenas na carreira. Na vida.

Note também que eu não disse "aplicar" os princípios, eu disse "vivenciar". Praticar combina "saber" e "aplicar."

ESTA É A FÓRMULA: Saber + Aplicar = Vivenciar. É muito mais poderoso quando estão arraigados.

A seguir estão 5,5 passos simples para "vivenciar" os princípios:

1. Leia. Leia para entender. Muitas pessoas leem para "confirmar". Elas (não você, é claro) leem e pensam ou dizem: "Eu sei isso". Saber não é NADA. Perguntar a si próprio: "Quanto bom sou nisso?" é que levará você a entender verdadeiramente o princípio. Ler para *entender* é uma leitura mais profunda e poderosa.

2. Pense! Pense sobre como cada princípio pode ser traduzido para sua carreira e sua vida. Pense sobre como você poderia ter mais sucesso se dominasse cada princípio. Pense sobre o que é necessário para você fazer isso. Dedique 15 minutos do dia para pensar, e suas realizações vão dobrar.

3. Avalie-se. Avalie seu nível atual de habilidade em cada princípio. Escreva no topo da página de cada princípio um número de um a dez. Esta é sua realidade atual e você sabe para aonde ir a partir daí.

4. Planeje. Digamos que você deu uma nota 6 para o princípio 10: Prospecte Prováveis Compradores. Como planeja elevar seu nível de maestria para 9 nesse princípio? Faça este plano e fixe um prazo para começar e para cumprir – e rale para conseguir no meio-tempo.

5. Comece pequeno, mas COMECE. Escolha dois princípios que praticamente já domina. Descubra uma maneira de melhorar em algo que já tem um alto nível de habilidade. Então escolha dois princípios em que não é tão bom, e crie uma estratégia para melhorar nesses. A maioria das pessoas não é boa naquilo que não gosta. Sua estratégia para melhorar fraquezas deve incluir como tornar mais prazerosos e divertidos os aspectos que são seus pontos fracos. "Divertimento" leva ao aprimoramento mais rápido do que "lições".

6. Decida dedicar-se à autodisciplina para ter sucesso. Toda essa informação é inútil para a pessoa que lê e não põe em prática. A decisão de pôr em prática e a dedicação para dar continuidade são os segredos. Não parecem segredos. Na verdade, parecem óbvias. É aí que reside o fracasso e a oportunidade. A maioria das pessoas está atrás do jeito fácil. São aquelas que compram bilhetes de loteria, na esperança de ganhar. Essas pessoas continuarão esperando e perdendo sempre. Você tem a oportunidade de passar a frente de todas essas pessoas e da maioria das outras. Tudo o que precisa fazer é decidir fazer isso e dedicar-se a fazer.

A maioria das pessoas não vai ter a dedicação necessária para tornar o sucesso fácil.

Não seja como a maioria das pessoas.

Ponha o coração em seu negócio.
Ponha o coração em seu trabalho.
Ponha o coração em sua carreira.

Você não pode esperar ser um sucesso a menos que acredite do fundo do coração no valor de seu produto e de seu processo.

Você atrai o interesse das pessoas, primeiro, pelas coisas sobre o que fala; e depois, pela maneira como fala.

Seu discurso não será assimilado, suas palavras não serão convincentes, a menos que você confie profundamente no mérito de sua proposta.

Acredite em suas mercadorias. Seja leal a sua empresa. Ponha o coração em seu trabalho."

— Extraído do The Primer, *1923*

Um passeio no cemitério

Amanda e eu estávamos indo jantar numa churrascaria. Fomos à sociedade histórica em Dayton fazer uma pesquisa sobre Patterson para este livro. A fila de espera no restaurante era de 20 minutos. Decidi dar uma volta na redondeza.

Três quarteirões para frente, nos deparamos com uma construção antiga que parecia um castelo dividido em dois com um portão no meio. "É um cemitério", eu disse. Sei que parece estranho, mas é um lugar bonito.

O tempo cooperava. Nublado à beira de uma tempestade. Crepúsculo. Um verdadeiro clima de cemitério. Havia um carro no portão. Segurança num cemitério? Todos já estão mortos. Perguntei ao guarda se podíamos entrar. "Estamos quase fechando, vocês terão de sair pelo outro lado da Recepção."

"Sem problema", assegurei a ele. "Tem alguém famoso enterrado aqui?" "Os irmãos Wright", ele se vangloriou. "Legal", eu disse. "Alguém mais?" "Aqui tem um mapa", ele ofereceu. "John Patterson está enterrado aqui?" perguntei. "Com certeza. Está na quadra nove no outeiro Patterson", ele apontou.

Peguei o mapa e fui a procura. Encontrei. Assim que começamos a andar começou a garoar. Só faltava um vampiro. Árvores gigantes deixavam o lugar claro e escuro ao mesmo tempo. Era um parque ondulante com centenas de sepulturas. Algumas tão ornadas como jamais vi. Algumas com um metro e meio de altura.

Algumas datavam do início da década de 1800.

"Aqui!", gritei quando encontrei o que achava ser o outeiro dos Patterson. Um enorme arco de mármore marcava a área. Cerca de 100 nomes estavam gravados. Numa das paredes havia uma pequena biografia de Patterson, mas não conseguia encontrar seu túmulo propriamente dito. Cada membro da família Patterson tinha a mesma lápide. "Achei!", eu gritei. De repente fiquei em silêncio. Fiquei parado em frente ao túmulo de Patterson imaginando como ele devia ter sido.

Então uma onda de emoção tomou conta de mim, enquanto eu imaginava a luta, o risco, a criatividade, o pioneirismo, a liderança, os obstáculos, a vitória e cada episódio imaginável da vida dos negócios, quando finalmente ocorre o sucesso. A visão.

Cento e dezoito anos depois do começo de sua aventura na NCR ter começado, aos pés da sepultura de Patterson, uma energia percorreu meu corpo dizendo que era obra do destino eu ter ido lá. Já se sentiu assim? Exaltado e apavorado ao mesmo tempo.

Me senti inspirado. Energizado. Estava pronto para levar adiante esta tarefa centenária como se tivesse sido escolhido para isso.

Chovia quando fomos embora. "Incrível, hein?", disse humildemente para Amanda. "Surreal. Qual era a chance de isso acontecer?", ela disse. "Me pergunto se foi acaso ou estava predestinado?"

Olhando para o céu e para a linha do horizonte, eu disse: "O acaso fortuito, me contaram, é o jeito de Deus de permanecer no anonimato".

Escolhi, e fui escolhido, para compartilhar essas informações e manter vivos os princípios, filosofias e estratégias de John Patterson no século XXI.

À medida que os lê, tenho certeza de que para você, assim como para mim, eles são tão (ou mais) válidos hoje quanto naquela época. Agora tudo o que você precisa fazer é adaptá-los para o seu negócio e colocá-los em prática.

JEFFREY GITOMER
Diretor executivo de vendas.

Leve-os para você.
Para seu negócio.
Para suas vendas.
Para seu sucesso.
Para o banco.

Princípios
DINHEIRO EM CAIXA
Din Din! do Sucesso
nos Negócios

1. **Pense!**

2. **Autoconfiança. (A característica mais convincente de uma pessoa).**

3. **Uma Atitude mental positiva é determinada por você. Não pelos outros.**

4. **É o treinamento em campo que diferencia o recruta vencedor do aspirante a vencedor.**

5. **Sobrevivência e sucesso é uma combinação de saber e fazer.**

6. **Estudar. A primeira disciplina do saber.**

7. **Sua biblioteca é o seu poço artesiano do saber.**

8. **O planejamento evita andar a esmo e proporciona direcionamento.**

9. **Use o "gerenciamento de tempo já".**

10. **Prospecte prováveis compradores para fazer seu negócio crescer organicamente.**

11. **Aumente os contatos de negócios para aumentar as vendas.**
12. **Criar demanda converte a venda em compra.**
13. **Uma demonstração preparada significa personalizada.**
14. **Atraia interesse com informações sobre o cliente.**
15. **Perguntas levam a respostas. Respostas levam a harmonia. Respostas levam a produtividade. Respostas levam a clientes.**
16. **Ouvir leva a entender.**
17. **Menos tempo-de-discurso-de-venda leva a mais tempo-de-compra.**
18. **Sua mensagem deve ser tão atraente quanto seu produto para envolver qualquer pessoa – especialmente seu cliente.**
19. **Uma objeção é a porta de entrada para uma venda.**
20. **Vender não é manipular. Vender é harmonizar.**
21. **Conclua a venda com um acordo de compra e não deixe de fornecer uma nota fiscal ao comprador.**
22. **O serviço prestado (ao cliente) é a reputação para a próxima venda. E a base para um cliente leal.**
23. **Serviço extra leva ao "testemunho".**

24. É melhor ganhar referências (indicações) do que pedir por elas.

25. A publicidade traz conscientização. A publicidade testemunhal traz clientes.

26. Sucesso nos negócios não diz respeito a pessoas simplesmente, diz respeito a pessoas extraordinárias.

27. Concorrência significa preparar-se para ser o melhor.

28. Reconheça e agradeça àqueles que ajudaram você a ter sucesso.

29. Para obter lealdade você precisa OFERECER lealdade.

30. Decida. Não importa se está certo ou errado. Decida!

31. Você se torna conhecido por suas ações. Seja ético.

32. Se você fez seu dever de casa e se preparou bem, ficará evidente em seu boletim de sucesso.

32,5. Se funciona há 100 anos ou mais, nem pense em fazer mudanças.

Jeffrey Gitomer

Diretor executivo de vendas.

AUTOR. Jeffrey Gitomer é o autor dos *best-sellers* do *New York Times*: *A Bíblia de Venda, O Livro Vermelho de Vendas, O Livro de Ouro da Atitude Yes!, O Livro Azul das Respostas de Vendas* e do *Livro Verde da Persuasão*. Todos os seus livros foram *best-sellers* nº1 na *Amazon.com*, incluindo *Customer Satisfaction is Worthless, Customer Loyalty is Priceless, The Patterson Principles of Selling*. Os livros de Jeffrey venderam mais de um milhão de cópias no mundo inteiro.

MAIS DE 100 APRESENTAÇÕES POR ANO. Jeffrey ministra seminários, promove convenções anuais de vendas e conduz programas de treinamento presenciais e pela internet sobre vendas e lealdade do cliente. Ele apresentou uma média de 120 seminários por ano nos últimos quinze anos.

FRENTE A MILHÕES DE LEITORES TODA SEMANA. A coluna de Jeffrey *Sales Moves* é publicada em jornais de negócios no mundo inteiro e lida por mais de quatro milhões de leitores todas as semanas.

SALES CAFFEINE. O e-zine semanal de Jeffrey, *Sales Caffeine*, é um informativo de vendas enviado gratuitamente toda terça-feira de manhã para mais de 250 mil assinantes. O *Sales Caffeine* permite que Jeffrey comunique informações valiosas sobre vendas, estratégias e respostas a profissionais de vendas. Para tornar-se assinante, acesse: *www.gitomer.com.* e clique em FREE EZINE.

NA INTERNET. Os *websites* WOW!: *www.gitomer.com* e *www.trainone.com* de Jeffrey recebem mais de 25 mil visitas por dia dos leitores e participantes dos seminários. Sua presença na web e recursos avançados de comércio eletrônico definiram o padrão entre seus pares e conquistaram grande apreço e aceitação dos clientes.

TREINAMENTO DE VENDAS *ON-LINE* TRAINONE. Lições *on-line* de treinamento de vendas estão disponíveis no site *www.trainone.com.* O conteúdo é Jeffrey puro – divertido, pragmático, realista e imediatamente implementável. As inovações do Trainone estão tornando o programa líder no campo de *e-learning* personalizado.

SELLING POWER LIVE. Jeffrey é apresentador e comentarista do *Selling Power Live*, um recurso de vendas mensal, por assinatura, que reúne *insights* das mais renomadas autoridades em vendas e desenvolvimento pessoal.

AVALIAÇÃO DE VENDAS ON-LINE. A primeira avaliação de vendas personalizada do mundo, rebatizada de "*sucessment*" irá não só avaliar suas competências em 12 áreas críticas do conhecimento de vendas, como também fornecerá um relatório diagnóstico que inclui 50 minilições de vendas. Essa incrível ferramenta de vendas irá avaliar suas habilidades de vendas e explicar personalizadamente suas oportunidades de aprimoramento. O programa é apropriadamente chamado de *KnowSucess* (Conheça o Sucesso) porque *você não pode conhecer o sucesso enquanto não conhece a si próprio.*

PRÊMIO DE EXCELÊNCIA EM APRESENTAÇÃO. Em 1997, Jeffrey foi nomeado *Certified Speaking Professional* (Orador Profissional Certificado) pela Associação Nacional dos Oradores. O prêmio CSP foi concedido menos de 500 vezes nos últimos 25 anos e é o mais alto título concedido pela associação.

GRANDES CLIENTES CORPORATIVOS. Os clientes de Jeffrey incluem empresas, como: Coca-Cola, D. R. Horton, Caterpillar, BMW, BNC Mortgage, Cingular Wireless, MacGregor Golf, Fergusson Enterprises, Kimpton Hotels, Enterprise Rent-A-Car, AmeriPride, NCR, Stewart Title, Comcast Cable, Time Warner Cable, Hilton, Liberty Mutual Insurance, Microsoft, BlueCross BlueShield, Principal Financial Group, Wells Fargo Bank, Carlsberg Beer, Baptist Health Care, Wausau Insurance, GlaxoSmithKline, Northwestern Mutual, MetLife, Sports Authority, AC Nielsen, IBM, *The New York Post*, e centenas de outras.

Agradecimentos

A JESSICA MCDOUGALL. Minha editora, meu grilo falante, minha companheira de viagens, minha arma secreta e minha melhor amiga. Você não é apenas a fagulha. Você é o fogo. E eu respeito você e agradeço a você.

A JOSH GITOMER. Por mais um maravilhoso design de capa. E pelo *feedback* consistente, realista, honesto e útil que você me proporciona – quer eu peça ou não.

À EQUIPE ORIGINAL DE PESQUISA E EDIÇÃO DE RACHELL RUSSOTTO, AMANDA DESROCHERS E LAURA MILLER. Todas seguiram adiante em busca do crescimento na carreira, mas continuam sendo lembradas e respeitadas.

A GREG RUSSELL. Por uma amizade de 15 anos e um excelente trabalho de composição do manuscrito original dos Princípios de Patterson. É como se as palavras saltassem das páginas para dentro de seus olhos.

A MIKE WOLFF. Por refazer o trabalho inicial de Greg e transformá-lo no formato final do livro. Outro trabalho excelente. Não apenas seu design, mas também sua dedicação ao projeto. Meu agradecimento vai muito além das palavras desta página.

A MITCHELL KEARNEY, UM FOTÓGRAFO DE PRIMEIRA. Muito obrigado por capturar minha imagem, apesar de meu cabelo.

À GERÊNCIA EXECUTIVA DA NCR. Agradeço por serem meus clientes e por apoiar este projeto. Agradeço também por manter a tradição e continuar a acreditar nos princípios de John Patterson.

A BARB SWINGER DA NCR. Muito obrigado por seu profissionalismo, sua paciência, suas informações e sua visão corporativa. Você não é só profissional, você é muito legal.

À SOCIEDADE HISTÓRICA DO CONDADO DE MONTGOMERY. Agradeço pelo acesso a seus extensos arquivos e pela colaboração.

A TIM MOORE E AMY NEIDLINGER. Agradeço imensamente por seu suporte, ideias e sabedoria. Embora nem sempre eu aceite suas proposições, sempre as respeito e aprecio.

E UM AGRADECIMENTO ESPECIAL A TODOS OS MEUS CLIENTES E PROVÁVEIS COMPRADORES. Agradeço por seu apoio, pelas belas cartas e e-mails que enviam. Agradeço a suas empresas, a sua lealdade e a vocês.

MATERIAL DE PESQUISA USADO PARA ENCONTRAR E CORROBORAR FATOS E FILOSOFIAS

Builders in New Fields, Charlotte Reeve Conover, 1939.

He Who Thinks He Can, Orison Swett Marden, 1908.

John H. Patterson, Pioneer in Industrial Welfare, Samuel Crowther, 1926.

NCR News, Various editions, 1922-1927.

Selling Suggestions: Book Two, Efficiency in the Business, Frank Farrington, 1913.

The Primer, Várias edições, 1889-1923.

The Sales Strategy of John n H. Patterson, Roy W. Johnson and Russell W. Lynch, 1932.

Outros títulos de Jeffrey Gitomer

A BÍBLIA DE VENDAS

O LIVRO AZUL DAS RESPOSTAS DE VENDAS

O LIVRO DE OURO DA ATITUDE YES!

O LIVRO NEGRO DO NETWORKING

O LIVRO VERDE DA PERSUASÃO

O LIVRO VERMELHO DE VENDAS

GRÁFICA PAYM
Tel. (011) 4392-3344
paym@terra.com.br